Cinthia Dalpino

EDIÇÃO ESPECIAL PARA FÃS

São Paulo
2014

UNIVERSO DOS LIVROS

© 2014 by Universo dos Livros
Todos os direitos reservados e protegidos pela Lei 9.610 de 19/02/1998.

Nenhuma parte deste livro, sem autorização prévia por escrito da editora, poderá ser reproduzida ou transmitida sejam quais forem os meios empregados: eletrônicos, mecânicos, fotográficos, gravação ou quaisquer outros.

Diretor editorial: **Luis Matos**
Editora-chefe: **Marcia Batista**
Assistentes editoriais: **Aline Graça e Rodolfo Santana**
Preparação: **Guilherme Summa**
Revisão: **Bárbara Prince**
Arte e adaptação de capa: **Francine C. Silva e Valdinei Gomes**
Fotos: **Getty Images** (capa), **Latin Stock** (miolo)

Dados Internacionais de Catalogação na Publicação (CIP)
Angélica Ilacqua CRB-8/7057

D157f

    Dalpino, Cinthia

    5 seconds of summer : edição especial para fãs / Cinthia Dalpino. – – São Paulo : Universo dos Livros, 2014.

    176 p. : il.

    ISBN: 978-85-7930-768-3

    1. 5 Seconds of Summer (Conjunto musical) - Biografia I. Título

14-0494   CDD 927.8166

Universo dos Livros Editora Ltda.
Rua do Bosque, 1589 – Bloco 2 – Conj. 603/606
CEP 01136-001 – Barra Funda – São Paulo/SP
Telefone/Fax: (11) 3392-3336
www.universodoslivros.com.br
e-mail: editor@universodoslivros.com.br
Siga-nos no Twitter: @univdoslivros

SUMÁRIO

01   Introdução 04

02   Escrevemos um livro sobre eles porque fazem muito sucesso, ou fazem muito sucesso porque escrevemos um livro sobre eles? 07

03   Como tudo começou 12

04   O estrelato veio antes do álbum 18

05   O primeiro obstáculo: "Não somos uma boy band" 31

06   5SOS *versus* One Direction: amigos ou rivais? 35

07   Influências musicais 44

08   Afinal, quem são eles? 53

09   A banda 83

10   Discografia, vídeos e as músicas 89

11   Turnês, prêmios e sucesso 101

12   Cabelos, aparência e moda 105

13   As mães das fãs 114

14   5SOS e os famosos 117

15   VMA 120

16   As manias dos garotos 126

17   A gravadora 136

18   As críticas 142

19   Sobre a Austrália 155

20   Sobre o futuro 159

21   Curiosidades 163

22   Conclusão de quem acaba de conhecer uma banda 169

INTRODUÇÃO

1

Quando analisamos uma banda cuja carreira acabou de começar, fazendo um baita sucesso, logo pensamos (com certo preconceito) "deve ser mais uma daquelas bandas produzidas para agradar adolescentes e arrebanhar fãs, com letras melosas e playback fajuto". Mas aí olhamos para a nova febre 5 Seconds of Summer e tudo vai por água abaixo.

Primeiro porque eles são bons naquilo que fazem. Os meninos compõem suas músicas com corpo, alma, vísceras. E depositam toda sua paixão nelas, deixando-as com aquela vida que só se vê em trabalhos aos quais a dedicação é aparente.

Tanto é assim, que os integrantes da banda – Luke, Michael, Calum e Ashton – não toleram ser chamados de "boy band". Eles se consideram uma banda punk rock, cujas principais referências são Green Day e Blink 182.

Talvez, quando Luke resolveu se sentar em frente ao computador e começar a fazer covers de bandas conhecidas, com aquelas tralhas todas ao fundo em sua escrivaninha, ele jamais concebesse que um dia faria tanto sucesso.

E aí chegamos num ponto importante: o sucesso.

O que determina o sucesso de uma banda? Tem que ter música boa. E músicos envolvidos no processo de criação. Porque tocar é se entregar, sentir, cantar com vibração. E essa vibração é sentida por cada um que se dispõe a assistir qualquer vídeo dos meninos no YouTube.

Mas a sonoridade e o ritmo não são fatores determinantes para que um grupo faça sucesso. Muitas bandas começaram e nunca foram adiante. Ou nunca conseguiram alcançar milhões de visualizações num clipe de música em menos de 24 horas, ou vender todos os ingressos para um show em menos de 2 minutos.

Então, qual a mágica? Qual seria o segredo do 5 Seconds of Summer, que parece ter conseguido o mix perfeito de ingredientes para compor o que pode-se chamar de fenômeno de vendas e público?

A resposta você verá nas páginas a seguir.

2

ESCREVEMOS UM LIVRO SOBRE ELES PORQUE FAZEM MUITO SUCESSO, OU FAZEM MUITO SUCESSO PORQUE ESCREVEMOS UM LIVRO SOBRE ELES?

A pergunta parece um enigma, mas se estamos falando de garotos que não deram apenas "sorte na vida", vamos longe e a fundo no assunto.

Para começar, eles nem são cinco. São quatro integrantes que sempre são questionados acerca do nome da banda, em que o algarismo 5 sugere que estejam em número maior.

E quando eles estão no palco, se tornam maiores. Se tornam parte da multidão. São milhares. Milhares de vozes que ecoam e dizem mais que palavras tolas e estrofes sem sentido.

Eles não cansam de responder a entrevistas dizendo que o nome da banda surgiu do acaso, no entanto, há controvérsias sobre o assunto. Muitos críticos de música dizem que a banda foi pré-fabricada, embora não haja sequer um indício de que isso seja verdade. Quando pesquisamos o assunto, e procuramos entender de onde vieram, fica fácil identificar que eles comandaram o próprio destino. E o próprio sucesso. Que não veio à toa, nem de mão beijada. E que *5 Seconds of Summer* não foi elaborado por uma numeróloga, ou por um marqueteiro. O nome nasceu ao acaso, assim como a fama instantânea e sólida dos garotos.

Os integrantes do 5SOS, como são chamados, têm química. Aquele jeito de falar e gesticular que nos faz perceber que existe sinergia entre um grupo. E autoconfiança. Mesmo quando ainda não faziam sucesso e postavam vídeos de covers de outras bandas no YouTube (ainda que conseguissem milhares de *views* por isso), já sabiam onde queriam chegar. Mesmo que não soubessem quanto tempo isso iria levar.

Queriam viver de música. Mesmo que fosse para ser professor – como disse Ashton numa entrevista.

E aí você percebe quão importante pode ser se entregar a um sonho.

Esses caras investem a vida no que acreditam e gostam. Como não funcionaria? É incrível assistir a um grupo de pessoas que simplesmente acreditam naquilo que vem de dentro. E música é isso. Inspiração. A arte de tornar vivo o sonho de muitos. Muitos que ouvirão aquela melodia e serão impactados por ela.

Mais que uma conspiração universal, o resultado que se vê hoje é fruto de muita dedicação de meninos que foram incentivados a fazer o que gostam.

Cada um com sua personalidade e gostos distintos. Juntos, ganham uma identidade única. Em todas as entrevistas que deram, foram unânimes em responder que se um faz algo estranho no palco (como baixar as calças), os outros imediatamente fazem igual, para aquele integrante não ser execrado pelo público.

Esses detalhes parecem fazer parte de uma mentalidade que conquistou fãs no mundo todo. Os meninos são unidos e não têm medo do ridículo. Desde o princípio, eles não tinham a menor ideia do que aquilo ia dar, mas não ligavam. O risco era o sucesso. Já que ninguém os conhecia, não tinham medo de falhar, de não ser aceitos pelo público ou de não ter sequer um ouvinte. No primeiro show, cantaram para doze pessoas. E eles não têm vergonha de admitir isso.

Foram adiante, com uma vontade própria de quatro adolescentes que se jogam numa aventura vendados, sem saber o que vão enfrentar dali em diante.

As redes sociais estão aí para confirmar isso.

Com uma rápida observação na página oficial dos meninos no Facebook, entende-se por que mais de 6 milhões de pessoas acompanham os posts dos garotos: eles entendem de conquista.

Por mais que digam que não. Que os posts são pura brincadeira (e quando surge um nu na foto, aquilo é sem querer), eles sabem a medida do que pode parecer ridículo e do que é para ser ridículo. Nem uma ereção em público, ao vivo, os intimida. Eles confessam e riem disso.

Porque sabem rir de si mesmos. E talvez esse também seja o segredo do sucesso. A espontaneidade.

E isso não é pouco. O que milhares de gurus e estudiosos em marketing pessoal propagam há anos parece ser natural e óbvio para os integrantes do grupo. Sabem vender sorrisos, arrancar gargalhadas, passar impressões descontraídas e deixar fãs apaixonadas. E o que é melhor: sem fazer muito esforço.

Sendo eles mesmos, os meninos apostam naquilo que têm de melhor: além do carisma natural, uma sagacidade descompromissada. Como se estivessem conversando entre eles numa república longe de casa e pudessem deixar aflorar aquilo que os deixa mais atraentes para conseguir amigos e mulheres. Sem pudores naquilo que dizem. Sem medo de que possam causar uma impressão ruim.

Por isso, quando estão on-line, parecem dispensar assessores e deixar transparecer toda a espontaneidade que os colocou no topo. Constroem posts que podem parecer malucos, mas que acertam em cheio uma legião de fãs ávidas por algo inusitado que transpareça a personalidade deles. Sinceridade na veia. Esse é o maior apelo da banda.

Talvez o 5SOS seja um marco na história.

Talvez esse seja o mote principal do sucesso da banda, e que traz uma nova leitura sobre como conquistar fãs. E então, conseguimos responder a uma pergunta de maneira eficaz: por que eles fazem tanto sucesso?

Talvez porque "ser você mesmo" nunca esteve tão em alta.

Numa geração de celebridades pré-fabricadas – muitas sem conteúdo ou talento – ter uma banda com tanta personalidade, música boa, sinergia e sem medo de mostrar aquilo que tem de melhor – e pior – é um fator crucial.

Mesmo que as opiniões, entrevistas, jeito, figurino não agradem a alguns, quando se mostra a verdadeira face – sem se importar se ela vai ou não agradar aos outros – a espontaneidade surge. Com ela, entusiastas da vida. Que sentem que chegou o momento de se valorizar arte de qualidade, feita por quem se dedicou de corpo e alma.

E qualquer um consegue detectar que há *verdade* na expressão de Luke no primeiro vídeo postado no YouTube. Ele fazia aquilo de olhos fechados. Só espalhando sua música para quem quisesse ouvir.

Um especialista em marketing ou publicidade diria que a banda tem identidade. Que construiu sua marca com bases sólidas, e essa essência dá um diferencial a todos os seus trabalhos.

Portanto, nada mais justo que tenham se tornado um fenômeno.

Músicas que exalam paixão, músicos que fazem música com... paixão.

Um sonho que virou realidade. Sonhado por quatro garotos australianos cheios de energia que não acreditavam no impossível e confiavam cegamente no potencial infinito deles mesmos. Acreditavam que podiam ser deuses dentro de seus universos particulares.

Para construir a biografia e contar um pouco dessa história, revivemos toda a trajetória da banda. E podemos dizer, categóricos, que se em alguns anos eles se aprimoraram tanto (agora com ajuda profissional), em pouco tempo teremos uma banda que veio para ficar.

Mais do que apenas um verão. Mais do que apenas 5 segundos.

O 5 Seconds of Summer parece ter bebido do cálice da vida eterna.

COMO TUDO COMEÇOU
(NÃO, ELES NÃO VIERAM DE OUTRO PLANETA. SÓ DE UM PAÍS DISTANTE!)

Era início de noite na Austrália. Mais precisamente, 3 de fevereiro de 2011. Luke, um adolescente de cabelos loiros ligeiramente (ou propositalmente?) despenteados, voz firme e um violão em punho decidiu ligar o computador. Em algum momento passou por sua cabeça que poderia postar um vídeo no YouTube, e mostrar para o mundo todo (ou para quem quisesse ver e ouvir) aquilo que ele sabia fazer: cantar e tocar violão.

Luke Hemmings, então com 15 anos, ignorou a escrivaninha bagunçada ao fundo, a caixa de som rosa (que as fãs lembram e sentem falta até hoje) e, com a mesma regata azul de sempre, resolveu colocar a webcam pra gravar e fazer um cover da música "Please Don't Go", de Mike Posner.

Seja lá o que passou por sua cabeça naquela hora, o menino não tinha a mais vaga ideia de que, como o tal efeito borboleta, aquele simples gesto faria tudo mudar dali para frente em sua vida.

Era o início de algo maior. E embora ele ainda não soubesse disso, não poupou paixão, voz ou charme para colocar em prática suas melhores aptidões.

Em seu íntimo, já chamuscava o desejo de ser reconhecido por seu trabalho, embora não fizesse nada profissionalmente.

Alguns segundos de observação e já se nota que ele tem algo a mais. Aquele menino se transformava em um verdadeiro gigante ao colocar sua voz pra fora. Talvez por não se incomodar com a presença da câmera tenha se tornado depois o mais desinibido diante dos flashes.

Naquele dia, naquela casa nascia um astro. E uma história para contar.

Paralelamente, cada um deles vivia sua história. Todos ligados à música. Embora apenas Luke tivesse resolvido postar seus vídeos, Calum, Michael e Ashton também estavam, cada um em seu universo particular, compondo, ensaiando, ou se inspirando. Nenhum deles jamais imaginava que – juntos – o crescimento seria meteórico.

Mas antes de chamar os amigos Michael Clifford e Calum Hood para que juntos gravassem covers de outras bandas, Luke já tinha feito covers bem-sucedidos de Bruno Mars, Mayday Parade, Cee Lo Green e Ron Pope, atingindo um número generoso de visualizações. Mas ainda não tinha ideia do que o esperava.

> *Tendo crescido juntos, Mike e Luke decidiram começar a banda e Calum de alguma forma se enfiou no meio.*
>
> 5SOS

Nas entrevistas, eles contam que eram amigos de colégio, e falavam sobre suas principais vontades e sonhos. Quando resolveram começar uma banda, Luke, que já postava vídeos, conversou com Michael, que parecia um jovem desajeitado, e instintivamente começaram a fazer planos.

Será que eles sabiam que aqueles minutos de prazer, quando se dedicavam ao que mais gostavam, os tornariam famosos?

Teria Luke uma vaga ideia de que um dia aqueles vídeos caseiros, que não faziam questão de esconder a bagunça no armário ao fundo nem a esteira elétrica desligada, chegaria a ser visto, três anos depois, por quase 1 milhão de pessoas?

Nesses momentos, Luke não pensava. Era um gênio da música. Um vocalista que se tornaria famoso utilizando seu bem mais precioso: sua voz, que mudaria ao longo dos anos, ganhando potência, deixando-o com ares de ídolo de uma geração.

Ele era um ícone. Um verdadeiro artista. E sua arte era compartilhada na internet. Encantar através da música. Fazer os sentidos aflorarem. Talvez por isso ainda não se preocupasse com a estética ao fundo. Porque queria que fechassem os olhos para ouvir o que cantava. Como ele fazia quando embriagado por suas canções.

E quando se despertam os sentidos, tudo pode acontecer. É aí que Luke tocou o coração das pessoas, e passou a ser reconhecido por milhares de internautas. Se perguntarmos a ele em que momento percebeu que poderia convidar outros amigos para que se tornassem uma banda, talvez ele dissesse que sentiu que era a hora. Porque pessoas tão conectadas com aquilo de que gostam – e que colocam seu potencial em prática – geralmente sentem a hora de dar o próximo passo.

Nas entrevistas, ele diz que simplesmente não sabe como teve a ideia, que ela surgiu. Em um momento descompromissado, que é quando surgem as ideias mais criativas e promissoras.

Michael e Calum, com suas características tão peculiares, deram ao grupo uma identidade. A genialidade dos meninos, em saber misturar potenciais tão distintos e que se complementavam com uma sinergia arrebatadora, não pode nem deve ser observada apenas em números. Talvez uma conjunção das estrelas possa explicar.

Eles já estavam destinados ao sucesso.

Em 16 de abril de 2011 os meninos fizeram um vídeo de apresentação e postaram no YouTube. Sem saber o que dizer, ou como se apresentar, refizeram a apresentação diversas vezes, incrementando a edição com dancinhas desconexas em alguns momentos.

A verdade é que eles não sabiam como aquilo iria acabar. Foi ali que Luke, Michael e Calum deram nome à banda e arriscaram um cover da música "I Miss You" do Blink 182.

Os três se reuniram numa biblioteca, apertados para conseguirem um bom plano onde aparecessem em seus melhores ângulos, e depois de quase um minuto de gravação conseguiram começar o vídeo. Isso mostra a inexperiência do grupo, e prova que realmente começaram sem grandes expectativas.

Apesar de a produção ser quase tosca, atingiram até hoje 759 mil visualizações no tal vídeo, que marcou a estreia da banda na internet.

Depois, arriscaram um novo vídeo, descompromissado, no qual só Michael e Luke resolveram dar as caras. Não fazia parte do roteiro uma aparição em que falassem muito de si mesmos antes de cantar. O vídeo mostra um ensaio entre amigos. Nada fabricado, risos entre estrofes e espontaneidade de sobra. Algumas ajeitadas no cabelo mostram a vaidade dos garotos – que não são uma boy band, definitivamente, mas sempre se mostraram cuidadosos na hora de colocar o rosto diante das câmeras. Ou melhor, expor aqueles rostinhos que fazem as fãs suspirarem...

Mas a verdade é que apenas dois meses depois, lá estavam eles conquistando mais visualizações que muitos fenômenos da internet.

Decidiram gravar um cover da música "Next to You", de Chris Brown e Justin Bieber. E ganharam o mundo, conquistando a marca de 600 mil visualizações.

A internet, mais uma vez, mostrou sua força.

E CADÊ O ASHTON?

Eu odiava o jeito de Luke, Michael e Calum simplesmente esquecerem do que iam dizer quando gravavam os vídeos. Era insuportável.

Ashton

Uma das características peculiares do 5SOS era que, nos primeiros vídeos postados, sempre esqueciam o que iam dizer. Esses lapsos de memória faziam Ashton Irwin, um músico que ganhara sua primeira bateria aos 8 anos, odiar a banda.

Ash, como era chamado pelos amigos, tocava bateria, saxofone, piano e violão, e dizia que trabalharia com música de qualquer jeito – mesmo que para ser professor dessa arte. O menino, que tentou entrar no *The X Factor* em novembro de 2010, foi apresentado à turma e nunca mais conseguiu se distanciar dos amigos.

Foi assim que Ashton se juntou à banda em dezembro de 2011, quando o quarteto finalmente fez seu vídeo de estreia no YouTube. Com uma árvore de Natal ao fundo, Ashton batucou ao lado dos meninos do 5SOS. E eles não se separaram mais.

Diz a lenda que depois que fizeram o primeiro ensaio juntos, Calum ficou de joelhos e implorou que Ashton ficasse com eles.

Aí, a banda ganhou vida, e mais um entrou para a turma.

E o resto? É história.

O ESTRELATO VEIO ANTES DO ÁLBUM
(OU: COMO ENTENDER A CARREIRA DOS MENINOS)

A fórmula parece mágica, mas não é. Graças ao YouTube, a banda 5SOS obteve popularidade antes mesmo de lançar um álbum. E garantiu mais pedidos para o álbum de estreia do que qualquer outro artista da história da maior gravadora do mundo, a Universal Music.

A mídia em geral e os especialistas garantem que o fator determinante para que isso tenha acontecido é que a nova geração de fãs, que se encanta com uma novidade na internet, não se importa com a má qualidade das gravações (muitas delas feitas por smartphones ou webcams) publicadas no YouTube.

Para essa galera, o que importa é o conteúdo.

Prova disso é que apesar de postarem vídeos considerados "toscos" no YouTube, os meninos, com uma boa música e carisma de sobra, conquistaram não só fãs pelo mundo todo, como fãs famosos, como a banda One Direction, que os convidou para sua turnê (há fortes indícios, baseados em rumores publicados por revistas *teen*, de que a banda tenha uma espécie de sociedade com eles, mas isso veremos em outro capítulo).

Os números não nos deixam mentir. Antes mesmo do álbum de estreia, o 5 Seconds of Summer já havia conquistado milhões de fãs no Twitter. E as fãs que fizeram os ingressos se esgotarem em locais como Los Angeles, por exemplo, só tinham escutado a banda pela internet.

Os peritos em música e sucesso digital são categóricos ao afirmar que a ordem natural das coisas mudou. É preciso acumular fãs antes mesmo de se preocupar em aperfeiçoar a música.

Foi o que aconteceu. Eles se reuniram, fizeram boa música, mas se jogaram com todas as forças na internet, conquistando visualizações de famosos, e indicações de outras bandas, que passaram a recomendá-los para suas fãs. O que parecia coincidência era uma sinergia de fatos na internet. Com músicos que entendem tão bem, ou mais, de internet do que de música. Eles conhecem o público para o qual falam diretamente. E isso foi crucial para conquistar mais seguidores.

Se um perito em marketing e redes sociais fosse contratado para passar a mensagem de que a banda era boa, talvez a imagem do 5SOS não tivesse sido construída tão bem e tão fiel à essência dos músicos.

O presidente da Capitol Records Group, Steve Barnett, disse que foi essa estratégia o que permitiu ao grupo tomar de assalto os Estados Unidos sem nenhuma ajuda das rádios FM. E que ele estava ávido por encontrar um grupo pelo qual as jovens pudessem se apaixonar. Segundo ele, "autênticos, em um universo de artistas pré-fabricados que não vão adiante".

De acordo com o músico e produtor John Feldmann, que deu uma forcinha à banda, coescrevendo e produzindo canções do novo álbum, cada um dos quatro estão ativamente envolvidos no processo de criação das músicas. Nas letras, nas melodias e em todos os arranjos finais, os garotos dão suas pitadas de personalidade e isso acaba fazendo a diferença na hora de gravar. Um processo autoral do começo ao fim.

Feldmann ressalta: "Cada membro tem seu ponto forte. O vocalista Luke Hemmings, por exemplo, surge com partes de guitarra realmente hipnóticas para dar uma sensação de hino nas músicas. O baixista Calum Hood tem uma voz mais limpa e um melhor alcance, enquanto o guitarrista Michael Clifford brilha em cantos e refrões. O baterista Ashton Irwin pensa como um compositor, toca seu tambor preenchendo os vocais, em vez de sobrepô-los, e canta a maioria das harmonias do álbum".

O que era uma brincadeira de criança, uma aventura adolescente, ganhou rabiscos de músicos conceituados, que deram uma forcinha para a banda, com retoques e pitadas que fizeram toda a diferença para o grupo deslanchar.

O produtor musical também deu suas dicas para aprimorar o talento dos rapazes: "Ensinei como girar a guitarra pelas costas, como sair graciosamente de um refrão". Segundo ele, inseriu mais cultura musical na vida da banda: "Fiz eles ouvirem um monte de músicas que provavelmente não tinham ouvido antes", conta.

Mas o sucesso não veio apenas porque os meninos postaram covers de bandas conhecidas no YouTube. Apesar de ter sido uma estratégia e tanto (e em momento nenhum eles tinham estratégias em mente), eles ficam aborrecidos quando as pessoas que os entrevistam chegam com perguntas formuladas para menosprezar a autenticidade da banda.

Para Ashton, o começo é difícil para qualquer um: "Nós tínhamos apenas um iPhone e costumávamos encostá-lo no pedestal do microfone e começar a filmar. Calum nem sequer tinha um baixo. Ele tocou com a primeira corda de um violão. Quando as pessoas dizem que conquistamos os fãs com o cover de 'Next to You', isso significa que não sabem nada sobre a gente. Não fizeram o dever de casa. Não investigaram direito".

Para o primeiro álbum, trabalharam mais de cem músicas. Claro que nem todas foram adicionadas ao repertório. E o esforço não foi em vão. Estreou no topo da *Billboard*. Na primeira semana, as vendas foram de 259 mil cópias. Nada mal para um álbum de estreia.

Com o sucesso inesperado (mas muito sonhado), Ashton já declara aos quatro ventos que querem compor e gravar novamente. "Nós definitivamente gostaríamos de ter outro álbum no ano que vem", declarou à *Billboard*.

FEZ-SE A FAMA

(Ou: o que aconteceu do dia em que postaram o primeiro vídeo até se tornarem o #1 da *Billboard*)

O som da nossa banda é tipo amor de criança a todas as nossas influências.

Michael

Você sabe como tudo começou.

Eles se reuniram na Austrália, passaram a tocar nas garagens (e a comer espaguete feito pela mãe do Calum nos ensaios) e a sonhar com o dia em que estariam nos palcos.

Conforme os vídeos foram fazendo sucesso no YouTube, atingiam um número épico de visualizações e chamavam a atenção de feras da música. O 1D, inclusive, fez menção a eles e linkou vídeos dos meninos em sua página, ajudando-os a conquistar mais e mais *views*.

Não demorou para chamarem a atenção de vários selos musicais e produtoras.

Sem nenhuma divulgação além das redes sociais, aconteceu um verdadeiro milagre, que coroou o que se chama de magia dos tempos de internet: já com a assessoria de uma grande gravadora, fizeram o primeiro EP, intitulado *Unplugged*, que espantosamente ficou em terceiro lugar no iTunes Austrália e entre o Top 20 na Nova Zelândia e na Suécia.

Isso os motivou a continuar com a mesma estratégia adotada desde o princípio – divulgação através das redes sociais se tornou poderosa ferramenta.

Arrebatando fãs pelo Twitter, Facebook, e principalmente YouTube, eles anunciaram as datas de uma turnê: maio de 2012.

Os locais escolhidos eram Factory Theatre em Sidney, Old Museum em Brisbane, e Xavier College em Melbourne.

Eles podiam ser conhecidos, podiam até se achar bons e famosos, mas nenhum poderia supor que todos os ingressos vendidos pela internet se esgotariam em menos de dois minutos. Sim. Dois minutos bastaram para que os ingressos se esgotassem, e os meninos da garagem se tornassem ícones.

Foi assim que novos shows tiveram que ser anunciados em cada cidade da Austrália. E assim também eles foram descobrindo que havia algo a mais em suas músicas. Os ingressos se esgotavam tão rapidamente, que mal dava tempo de sofrerem por ansiedade.

O que era bom ficou ainda melhor.

Os astros ganharam força, e parcerias mais que estratégicas. Seus ídolos os apoiaram, e eles foram apresentados, por sua gravadora, a pessoas que jamais imaginariam conhecer.

No segundo semestre de 2012, o 5SOS passou a compor suas músicas ao lado dos membros da banda Amy Meredith – Lo Russo e Joel Chapman. Foi com eles que escreveram "Beside You" e "Unpredictable". Ambas as músicas participaram do EP *Somewhere New*, produzido por Chapman.

Ashton, que até então não sabia o que era um EP[1], ficou entendido do negócio.

Com a conquista rápida de fãs, eles perceberam que dali em diante só colheriam bons frutos de seus trabalhos. O videoclipe para o primeiro single *Out of My Limit* recebeu mais de 100 mil visualizações nas primeiras 24 horas (e se eles já achavam que isso era um fenômeno por si só, mal podiam imaginar o que aconteceria com "Amnesia").

Aí chegou a vez de o One Direction entrar em cena. O astro Louis Tomlinson postou o vídeo de "Gotta Get Out", fez aquela gracinha sobre ser fã da banda e ponto para os meninos. Todas as fãs do 1D imediatamente se apaixonariam pelos adolescentes do 5SOS. Ops, não todas. Começaria, também, uma verdadeira guerra entre fãs.

---

[1] EP significa "Extended Play", nome dado a uma gravação de CD (ou vinil) que é longa demais para ser considerada single e curta demais para ser considerada álbum.

É HORA DA TURNÊ? OU NÃO CHAMAREMOS DE TURNÊ?

Com o sucesso do lançamento do EP *Unplugged* em junho de 2012, a banda embarcou na *Twenty Twelve Tour*, tocando no Uni Bar em Adelaide, no Oxford Art Factory em Sidney, no Old Museum em Brisbane, e no Corner Hotel em Melbourne.

Ingressos esgotados em todos os shows. Era um sonho se tornando realidade.

Em outubro de 2012, o 5SOS se juntou a Hot Chelle Rae e Cher Lloyd, tocando no Enmore Theatre em Sidney, no Convention Centre em Brisbane, no Festival Hall em Melbourne, no Royal Theatre em Canberra e no AEC Theatre em Adelaide.

Mas seu primeiro show internacional foi acontecer em 3 de novembro de 2012, no Zeal Café em Auckland, Nova Zelândia. Em 25 de novembro, eles tocaram como atração principal no Metro Theatre em Sidney, antes de irem para o Reino Unido por três meses.

Era o começo de uma história que se tornaria mundial.

As coisas começaram a aquecer, e o mercado fonográfico, a se agitar com a presença dos meninos.

Em Londres, em dezembro de 2012, eles compuseram ao lado de McFly, Roy Stride (Scouting for Girls), Nick Hodgson (Kaiser Chiefs), Jamie Scott, Jake Gosling, Steve Robson e James Bourne (Busted). Estavam tão eufóricos, que mal dava tempo de tuitar com a frequência que faziam antigamente. Eram profissionais da música. Continuavam sem entender direito de onde tinham vindo e para onde iam, mas se portavam como adolescentes que conquistavam seu sonho.

A assessoria melhorava. Tanto os looks como a imagem eram mais profissionais. Mas a essência dos garotos não mudava. Eles continuavam com a liberdade de expressão em seus vídeos na internet e nas redes sociais. Coisa de que não abrem mão até hoje. Posts engraçados, irreverentes e cheios de brincadeiras, que viralizam como chuva torrencial e fazem a personalidade dos meninos ficar ainda mais evidente.

Eis que, nesse meio-tempo, em 2013, aconteceu algo inesperado (ou não tão inesperado assim, como veremos a seguir): a banda 1D os chamou para uma turnê. E tudo começou a conspirar a favor deles.

Em 14 de fevereiro de 2013, foi anunciado que o 5SOS seria a banda de apoio para a nova turnê mundial do 1D, *Take Me Home Tour*. Os nervos de Luke, Ashton, Michael e Calum ficaram à flor da pele: estariam diante de um público que jamais tinham visto.

A turnê se iniciou na O2 Arena em Londres no dia 23 de fevereiro de 2013 e passou pelos Estados Unidos, Nova Zelândia e Austrália, incluindo sete shows na Allphones Arena em Sidney, cidade do 5SOS (calma, nós vamos contar mais detalhes da turnê adiante, este é só um aperitivo).

E quando acabou a turnê, não era hora para descanso: eles foram logo para Los Angeles, local onde músicos do mundo todo e artistas consagrados se reúnem para negócios. Foi ali que compuseram e gravaram músicas. Foi ali que contaram com a colaboração de seus ídolos John Feldmann, Alex Gaskarth, Jake Barakat (All Time Low), e Joel Madden e Benji Madden (Good Charlotte).

Foi ali que viram que eram profissionais. E que não estavam para brincadeira.

Mas aquela não seria a única viagem do grupo para os Estados Unidos. No início de 2014, após três semanas de férias, eles retornaram a Los Angeles para continuar as gravações de seu álbum. Tinha muito a ser feito. E não podiam perder o *timing*. Perceberam que o negócio os esperava. E que talvez fosse a hora de embarcar nele e receber os louros da fama.

Gravaram o clipe de "She Looks So Perfect". Se antes faziam as coisas de um jeito descompromissado e sem grandes pretensões, desta vez contaram com diretores altamente treinados para criar um conceito. Para mostrarem os melhores ângulos dos garotos e aquela personalidade que os favorece.

Quando anunciaram o lançamento do EP *She Looks So Perfect*, talvez não imaginassem que pré-venda seria, em poucos minutos, a número 1 em mais de quarenta países.

Foi em fevereiro de 2014 que o 5SOS fez sua primeira *radio tour*, uma espécie de visita às rádios locais, pelas cidades britânicas. Nelas, concediam entrevistas e divulgavam suas músicas para que elas tocassem nas rádios. O resultado foi fabuloso: atraíram centenas de fãs para as portas das rádios e também lançaram o clipe do primeiro single.

Em seguida, entraram em sua primeira turnê solo no Reino Unido, passando por Glasgow, Manchester, Londres e mais, fazendo da turnê um sucesso total, com todos os shows lotados e plateia especial que contava com o cantor Niall Horan, a modelo Barbara Palvin e bandas como The 1975.

As mães dos astros mal podiam conter as lágrimas.

Quando seu primeiro single *She Looks So Perfect* foi finalmente lançado, alcançou o primeiro lugar no iTunes de mais de vinte países, incluindo o Brasil, onde o EP ficou em primeiro uma hora após seu lançamento.

Era um fato histórico. Os quatro meninos que haviam ensaiado nas garagens, se espremido diante de webcams para fazer música e gravado vídeos mal planejados que haviam alcançado milhões de acessos não estavam preparados para tal notícia. Era uma nova era na vida dos garotos.

Na turnê *5 Countries, 5 Days*, gratuita para fãs, eles visitaram a França, a Alemanha, a Itália, a Suécia e a Espanha e depois ingressaram numa turnê pelos Estados Unidos com dez shows.

E, acredite – a história dos garotos estava apenas começando.

Imbatíveis, eles conseguiram quebrar recordes a partir de então: quando foi anunciado o álbum de estreia, o 5SOS vendeu mais de 253 mil cópias em sua primeira semana nos Estados Unidos, conseguindo o primeiro lugar na *Billboard*.

O fenômeno ganhou força e reconhecimento. Em todo o mundo, a notícia era de que uma banda australiana havia conquistado o primeiro lugar na *Billboard*. E o mais incrível: com seu álbum de estreia.

O álbum de estreia do quarteto vendeu 259 mil cópias na semana que terminou no dia 27 de julho, de acordo com a Nielsen SoundScan, após o lançamento do álbum no dia 22 de julho.

Keith Caulfield (Pulse Music Board)

A notícia, estampada em jornais e sites do segmento de música, deve ter sido recortada pelos pais dos garotos, emoldurada e colocada na parede. Isso antes mesmo de saberem que eles seriam capa da revista *Billboard*.

O convite não era para menos. Com um primeiro álbum de estreia indo direto para o primeiro lugar na principal parada de discos nos Estados Unidos, era de se esperar que isso acontecesse.

Aí ficaria mais fácil emoldurar a capa da revista de música mais conceituada do mundo. Seria o ápice da carreira deles? Ou só o começo meteórico?

5

O PRIMEIRO OBSTÁCULO:
"NÃO SOMOS UMA BOY BAND"

É estranho que somos chamados de boy band e de fabricados. É bem estranho para nós, só estávamos tentando ser uma banda que nós próprios admirássemos. Nós não pensamos muito sobre um gênero! Nós só estávamos tocando covers acústicos até nos reunirmos e começarmos a ensaiar ao vivo, juntos. Quando começamos, era bem cru. Só os instrumentos e os vocais. Nós só estávamos fazendo o que podíamos. É o nosso primeiro álbum, nós só podemos crescer.

5SOS

Uma coisa que deve ter ficado clara para fãs e mídia em geral é que eles decididamente não gostam de ser descritos como boy band.

Com estilo musical autêntico e solos de guitarra contagiantes, não admitem ser comparados com o 1D, The Wanted ou Jonas Brothers. "Nós tocamos nossos próprios instrumentos, escrevemos nossas próprias músicas, tocamos ao vivo – não somos uma boy band", disse o guitarrista Michael, que já mencionou em uma de suas entrevistas que, se fosse se tornar outra celebridade da música, gostaria de ser o consagrado Carlos Santana.

Talvez os meninos não saibam, mas o rótulo de boy band não é tão desprezível quanto pode parecer. Já consagrou artistas do porte de Michael Jackson, na época do Jackson's Five.

Se formos pesquisar a fundo, o termo *boy band* pode ter várias definições: na maioria das vezes são bandas compostas por rapazes bonitos, que cantam e dançam.

Aí você vai dizer que eles não sabem dançar, e sequer têm uma única coreografia ensaiada.

Mas as boy bands têm mais uma característica bem peculiar: tornam-se uma febre mundial antes mesmo de os membros se darem conta do sucesso.

Adolescentes do mundo todo, historicamente, sempre se apaixonaram por músicos de bandas. Também, pudera: são garotos que materializam o sonho do príncipe encantado. Geralmente meninos que falam de amor, mulheres e romance em suas músicas. E isso agrada em cheio ao coração juvenil.

Outra característica que causa furor, e geralmente é um "quê" a mais que as bandas de garotos oferecem, é que os meninos são cheios de estilo. Com cabelos e penteados cheios de personalidade, carregam acessórios e têm jeito próprio de se vestir. Por isso, quando se vê uma banda de meninos, usa-se o termo *boy band*. Será tão ruim assim, Michael?

A primeira banda de Michael Jackson, o Jackson's Five, foi considerada uma boy band em sua época. Assim como Menudos, Dominó, Backstreet Boys. Mas a primeira a fazer sucesso foi The Temptations, em 1964, com o single pegajoso "My Girl".

Naquela época, o Jackson's Five também surgia e criaram convenções musicais que outras boy bands vieram a seguir, como ter seu som modificado e simplificado pela gravadora para atingir um público maior. Em seguida, a banda The Supremes fez o mesmo. A ideia era que todos os membros cantassem, ao invés de ter apenas um vocalista e outros voltados para seus instrumentos.

Foi quando descobriu-se que a personalidade dos indivíduos poderia influenciar diretamente o sucesso do grupo. Aí, gravadoras e empresários os guiavam para que correspondessem às expectativas e mostrassem personalidades distintas. Michael Jackson foi o queridinho desde sempre.

Nos anos 1980, a coisa mudou um pouco de figura. Vieram o New Edition, Take That e New Kids on The Block. Todos faziam sucesso comercial e eram figuras conhecidas das meninas, que ficavam enlouquecidas ao ouvir o menor som da batida de suas músicas.

Até que, na década de 1990, surgiram o Backstreet Boys e o N'Sync – com tanto sucesso, que o mundo inteiro queria copiar aquela fórmula. Dizem que o responsável por todo aquele furor era Lou Pearlman, o gerente das bandas.

Hoje, o One Direction assume o posto de boy band. Talvez por isso os meninos do 5 Seconds of Summer não queiram ser comparados a eles. E embora haja certa rivalidade entre algumas fãs das bandas, eles são grandes amigos. Pode-se dizer que o 1D é também responsável por alavancar o sucesso do 5SOS.

"Como separá-los de todas as outras boy bands?", perguntou Amanda Dobbins retoricamente em sua resenha para a *Vulture*, intutulada "O que é 5SOS? Sua boy band". "Bem, eles são australianos, isso é novo", ela responde. "E tocam instrumentos – tipo, de verdade. Guitarras e bateria. São uma boy band do rock", acrescenta.

A verdade é que o 5SOS percorreu uma longa estrada desde os seus dias de cover no YouTube, que lhes deu fama on-line.

5SOS VERSUS ONE DIRECTION: AMIGOS OU RIVAIS?
(OU: CHEGOU A HORA DA VERDADE NUA E CRUA!)

Muitas comparações com o One Direction são feitas, claro, mas isso é muito confuso, tudo que você tem de fazer é ouvir a nossa música. Ela realmente não soa como a do 1D. Também não sabemos dançar... Eu acho que é apenas uma percepção errada dos australianos de que se houver uma banda de jovens, deve ser como o 1D.

5SOS

Embora grande parte do público acredite que há certa rivalidade entre os dois grupos, a verdade é que, além de amigos, os meninos do 1D são grandes admiradores do 5SOS.

Essa admiração começou quando Louis Tomlinson, da boy band britânica, postou o vídeo de "Gotta Get Out", do 5SOS. No post, ele afirmou ser grande fã da banda há algum tempo. Foi apenas um post. Isso bastou para que todas as fãs da banda passassem a visitar diariamente a página dos integrantes do 5SOS em busca de músicas e novidades.

O tempo passou e eles continuavam de olho nos meninos australianos.

Quando Luke, Michael, Ashton e Calum lançaram seu primeiro single, *Out of My Limit*, em 19 de novembro de 2012, Niall Horan tuitou o link para o vídeo. Foi como coroar o sucesso da banda. Os acessos se multiplicaram rapidamente e os compartilhamentos também.

O One Direction se tornou um dos maiores fãs da banda. Tanto é que, em fevereiro de 2013, chamou o 5SOS para ser a banda suporte em sua turnê mundial *Take Me Home Tour,* e em 2014 os convidaram para se juntar a eles novamente, para a turnê em estádios *Where We Are.*

Entretanto, em uma entrevista à Rádio Disney, Ash admitiu que no começo não achava que eles seriam uma boa combinação: "Nós estávamos muito confusos quanto a por que abriríamos a turnê do 1D em primeiro lugar, porque eles são muito diferentes [de nós]".

Mas todos são categóricos em afirmar: a combinação funcionou – e muito! Além, é claro, de impulsionar a carreira do 5SOS. "É bom que as crianças tenham a chance de ir pra casa com um pouco de conhecimento sobre o rock", disseram os australianos na época.

Luke afirma que tocar com o 1D o fez aprender "como fazer 10 mil ou até 70 mil pessoas sentirem como se fossem parte disso". "Não se trata apenas de tocar músicas e fazer isso com perfeição. Você tem que ser essa entidade sólida no palco, envolver as pessoas e fazê-las ter um ótimo show", contou em entrevista ao *The New York Times*.

Todos foram categóricos em afirmar que, sim, foi uma experiência extremamente positiva para o grupo. Mas, como não seria?

Apesar de achar que ninguém está preparado para lidar com o sucesso inesperado, Luke diz que é como viver numa montanha-russa. "Passamos por poucas e boas", conta, mencionando críticas de jornalistas e fãs que acabam reverberando na autoconfiança da banda.

A experiência também tocou o coração de Calum: "Nós descobrimos nosso som agora. É muito empolgante escrever nosso próximo álbum. Temos muitas ideias e eu estou realmente preparado para amadurecer nosso som, definitivamente um som mais orgânico, só a bateria, baixo e duas guitarras", declarou o baixista.

Mas o que mais os emocionou na turnê foi perceber os fãs gritando ao redor do ônibus da banda. "É o que todo músico sonha", suspirou Ashton. "Foi tudo muito assustador para nós, porque éramos um tipo novo de banda de rock. Nós estávamos confusos com isso, em como nos sairíamos numa turnê com o 1D. Em primeiro lugar porque eles eram muito diferentes." E ele concorda que o apoio do 1D foi fundamental: "Parecia uma boa ideia para melhorar nossa música e nossas apresentações ao vivo. Essa seria uma turnê tão dinâmica e realmente mostraria a diferença entre as duas bandas."

O SHOW JUNTOS

Nós ouvimos que Louis nos viu no YouTube e quis nos levar pra excursionar. Aprender como sair em turnê com os caras realmente mudou nossas vidas.

Calum

Os meninos do 5SOS ficaram apreensivos, de início, e fizeram questão de deixar claro que eram estilos musicais diferentes. Mas jamais imaginariam como realmente seria abrir um show do 1D.

Para começar, era algo que não esperavam: o público era constituído quase que inteiramente de mulheres. A plateia feminina era tamanha, que chegou ao ponto de os funcionários do estádio terem que substituir a placa do banheiro masculino por uma de banheiro feminino, para deixar as mulheres mais confortáveis, já que o banheiro masculino permanecia praticamente vazio, enquanto as filas do feminino davam voltas e voltas.

Ok, havia alguns pais e namorados nada ciumentos (que ficaram ouvindo os gritinhos das meninas direcionados a outros homens, coisa que não deve ser muito confortável, diga-se de passagem!).

Naquele dia, contudo, uma banda diferente, com a qual aquelas meninas não estavam acostumadas, abriria o show do 1D.

O 5SOS seria bem recebido pelas fãs de 1D?

Era o que os deixava apreensivos dentro do camarim. Talvez por isso tenham demorado mais de 15 minutos para entrar em cena, atrasando o começo do show.

A música de abertura foi pensada estrategicamente para encher o coração daquele público. Chamava-se "18". Uma música sobre se apaixonar por uma garota.

Aqueles doces olhos de Luke, Michael, Ashton e Calum, quando entraram no palco, foram a deixa para que as meninas se tornassem suas fãs.

Destilaram um repertório que incluiu músicas sobre amores não correspondidos, bebedeiras, expulsão de bares aos arredores do colégio e noites insones.

Tocaram versões de "Teenage Dream" e de "What I Like About You". E houve gritos histéricos de meninas que se descobriram fãs daquela banda. Muitas sem sequer saber seu nome (uma rápida pesquisada na internet após o show as fez entender todo o histórico dos meninos e como eles tinham sido convidados repentinamente para abrir o show da banda que elas mais amavam no mundo).

Quando o 1D entrou no palco, foi como um vulcão em erupção.

As meninas gritavam enlouquecidas, fazendo arrepiar até o último fio de cabelo de quem estava por ali.

Naquele momento, Luke, Calum, Michael e Ashton perceberam uma coisa: queriam ser a banda principal. Queriam sentir aquilo que o 1D sente ao entrar em cena.

Do backstage, Luke assistia a coreografia da banda que se apresentava ali. Talvez ele nem desconfie, mas, em 1999, os álbuns *Enema of the State*, do Blink-182, e *Millennium*, do Backstreet Boys, foram lançados com um mês de diferença entre eles.

Em 2014, os dois existem simultaneamente e se parecem um com o outro. O 5SOS e o 1D, sem querer criaram esse novo cenário.

Uma boy band e uma banda pop punk podem conviver juntas, sim. Sem atritos.

SOCIEDADE ENTRE BANDAS – VERDADE OU MENTIRA?

(Ou: o que dizem por aí sobre a "amizade" entre o 1D e o 5SOS)

Está tudo bem, porque não somos uma boy band e as pessoas sempre vão falar. É uma boa coisa enquanto eles estão falando sobre você. Nem todo mundo vai gostar e dar suporte para o que você faz, mas enquanto nós gostarmos... E as fãs nos apoiaram em um ano como este, isso é tudo o que podemos pedir!

5SOS

Certamente as fãs fazem uma leitura da situação que pode não corresponder à realidade. Algumas brigam na internet para defender suas bandas favoritas (você verá adiante). Mas eles não estão, e nem parecem, muito preocupados com isso. A verdade é que o 5SOS não vai tirar o espaço conquistado pelo One Direction. E o 1D espera que o 5SOS faça tanto sucesso quanto eles.

Explicaremos a seguir: segundo algumas publicações da imprensa mundial, Liam Payne e Louis Tomlison "têm um vasto interesse no futuro musical do 5SOS". O porquê?

De acordo com tais publicações, Payne e o resto do 1D ganham com o crescimento dos roqueiros. Como se tivessem participações nos lucros.

O *Mirror* explica da seguinte forma: "Documentos encontrados pelo *Sunday Mirror* mostram que Liam Payne e Louis Tomlinson são os diretores da companhia que registrou a marca do 5SOS. Eles, junto com os companheiros de banda Harry Styles, Zayn Malik e Niall Horan, ganham 50% dos lucros, com uma divisão de 10% para cada um na empresa".

Isso pode ser uma teoria do *Sunday Mirror*, mas se formos analisar, pode ter fundamento. Muitos se perguntam: por que Liam só tem coisas boas a dizer sobre uma outra banda? Por que ele sempre teve interesse em divulgar os vídeos e músicas do 5SOS? Por que, afinal, eles os convidaram para uma turnê mundial?

Se pensarmos por esse aspecto, a resposta parece clara. Eles teriam investido na nova banda, e colherão os frutos do sucesso dos rapazes – até o tempo que durar essa parceria.

Evidentemente, os músicos não desmentiram nem confirmaram a teoria da publicação, e quando questionados a respeito, afirmam que há uma cláusula contratual com a gravadora que não os autoriza a falar sobre finanças. E isto encerra o assunto.

7

INFLUÊNCIAS MUSICAIS
(OU: QUEM SERÁ QUE DEIXOU ESSA TURMA TÃO AFINADA?)

Eu acho que, às vezes, quando você está escrevendo, você tenta não ir muito fundo. Às vezes, as coisas sobre as quais você quer escrever não são o tipo de coisa que as pessoas querem escutar. Acho que você deve colocar sua alma na sua música, e apenas escrever sobre qualquer coisa que você sente que deva escrever. Eu sempre penso que expressar suas emoções de forma honesta é o melhor, mas às vezes é difícil colocar algumas coisas na sua música. Entende? Saber que será lançado para multidões de pessoas te deixa inseguro.

Michael

Agora já estamos todos sabendo que a banda teve o álbum de estreia no topo da *Billboard*. Ok. Aí a imprensa do mundo todo vai atrás dos caras. Querem saber o que comem, o que usam, como começaram, e quem os influenciou musicalmente.

Mas qualquer observador que fizer uma pesquisa mais a fundo sobre os meninos vai entender que não precisa ser um gênio para conhecer o que eles gostam.

Eles estampam nas camisetas seus gostos musicais.

Desde que começaram a gravar vídeos, Luke, Ashton, Michael e Calum têm o costume de usar camisetas de bandas, como se estivessem frequentando o colégio em Sidney – onde ainda vivem com a família quando não estão em turnê.

Assim, os fãs acabam conhecendo um pouco do gosto e das preferências dos garotos.

Amam Green Day, participaram do tributo à banda e até os mencionam em suas músicas. E vivem falando do Good Charlotte, que, de acordo com Luke, foi a banda que realmente o levou a se envolver com música, já que ouvia desde os dez anos. "E então isso evoluiu para o Green Day com *American Idiot*. Eu tinha o DVD *Live at Hyde Park* do Foo Fighters e meu pai tinha o box do AC/DC, costumava assistir o tempo inteiro. Eu também tinha o DVD *How to Play Guitar* do Slash. Eu só queria ser o melhor guitarrista de todos os tempos. Meu irmão tocava violão e ele me ensinou 'Smoke On The Water' e durante anos eu a toquei sem parar", disse em uma entrevista a um dos mais conceituados jornais do mundo, o *The New York Times*. Quando questionado se ele já conhecia o *frontman* do Green Day, Billie Joe Armstrong, Luke confessa: "Não. E é melhor que eu não conheça mesmo, porque eu provavelmente choraria".

Já Calum foi influenciado pela irmã, fã de carteirinha de R&B, Usher e Chris Brown. "Eu herdei meu amor por R&B dela. Ela costumava cantar o tempo todo". Ele acrescenta: "Quando eu tinha uns 14 anos, peguei o ônibus, e o irmão da amiga da minha irmã me entregou um CD gravado em casa que dizia *American Idiot*, e essa com certeza foi a primeira vez que me apaixonei pela música".

Para incrementar o estilo musical, eles fizeram parcerias importantes. "Nós achamos algumas pessoas de que gostávamos e trabalhamos muito bem com eles, então ficamos presos a eles. Nós não queríamos fazer parceria com muita gente – só queríamos achar algumas pessoas que entendessem nossa visão como banda, então corremos com isso", afirma Ashton.

O músico acredita que tenha realizado um sonho ao conquistar a amizade desses caras. "É maravilhoso tê-los por perto. A música deles tem sido grande influência para a nossa banda. Good Charlotte e All Time Low são caras que fizeram a gente começar a tocar nossos instrumentos, e ter eles trabalhando conosco no nosso primeiro álbum é incrível. Outra coisa que esperamos é poder beneficiar a música deles também. E vice-versa", declara Ashton comovido.

GREEN DAY

Green Day é uma banda de punk rock dos Estados Unidos formada em 1987 em East Bay, Califórnia. Composta por três membros: Billie Joe Armstrong (guitarra e vocal), Mike Dirnt (baixo, vocais) e Tré Cool (bateria), a banda de Oakland, Califórnia, foi formada no início de 1987 com o nome de Sweet Children, com o baterista Al Sobrante. Em 1989, mudou para o nome atual, e logo após lançou o seu primeiro álbum de estúdio, 39/*Smooth*.

Wikipédia

Todos são unânimes em dizer que cresceram ouvindo Green Day e que esse é o tipo de música que mais os influencia. Na música "Long Way Home", um dos trechos inclusive cita os astros do rock quando diz "Green Day's on the radio / And everything is alright" [Green Day está no rádio / E tudo está bem].

Com essa homenagem, eles não poderiam ficar de fora do álbum de tributo ao Green Day. E resolveram regravar a música "American Idiot", que sem dúvida é uma das mais marcantes da carreira dos meninos.

GOOD CHARLOTTE

Good Charlotte é uma banda dos Estados Unidos originária de Waldorf, Maryland, do estilo pop punk. A banda foi formada no ano 1996 e lançou o seu primeiro álbum no ano 2000. As muitas turnês que o Good Charlotte fez serviram para afinar o seu som e visão, desenvolvendo uma base de fãs movida pela poderosa energia da banda e por sua objetividade.

Wikipédia

O mais efusivo ao falar sobre a banda Good Charlotte é Luke. Sempre que pode, durante as entrevistas, ele os cita como referência marcante, e diz que não teria decidido tocar guitarra se não fosse pela banda. Não por acaso, a canção de maior sucesso do 5SOS, "Amnesia", foi composta junto com dois integrantes da banda – Benji e Joel, que se tornaram parceiros de Luke no universo musical.

ALL TIME LOW

All Time Low é uma banda de pop punk de Baltimore, Maryland, formada em 2003. A banda consiste no vocalista e guitarrista Alex Gaskarth, no guitarrista Jack Barakat, no baixista Zack Merrick e no baterista Rian Dawson. O nome All Time Low foi pego da música do New Found Glory, "Head on Collision".

Wikipédia

As músicas "Kiss Me, Kiss Me", "End Up Here" e "Long Way" também contaram com ajuda extra – de amigos admirados pela banda mesmo antes que ela começasse. Estamos falando do vocalista Alex Gaskarth, do All Time Low, uma das maiores influências do 5SOS. Gaskarth não hesitou em dar uma mãozinha para seus parceiros que estão no início da carreira e prometem arrebentar durante anos nas paradas de sucesso.

A DAY TO REMEMBER

A Day to Remember é uma banda americana de post-hardcore/metalcore formada na cidade de Ocala, na Flórida, em 2003. Têm álbuns lançados com o selo das gravadoras Indianola Records, Victory Records do Silverstein, Comeback Kid e Four

> Letter Lie, com a qual lançaram quatro álbuns até 2010 paralelamente a um álbum independente, o Old Record de 2008. Atualmente eles têm um selo Independente (ADTR Records).
>
> Wikipédia

Quem já virou e revirou o YouTube em busca de músicas novas, antigas e covers feitos pela banda australiana mais querida do mundo sabe o quanto os garotos amam o pessoal do A Day to Remember. O cover da música "If It Means a Lot to You" foi gravado pelos meninos no início da carreira e atingiu recordes de visualizações e compartilhamentos nas redes sociais.

BLINK-182

> Blink-182 (também conhecido somente por Blink) é uma banda de rock californiana formada em 1992 na cidade de San Diego. A banda inicialmente chamava-se apenas Blink, mas ao descobrir a existência de um grupo homônimo irlandês anterior a eles, decidiram então adicionar o número 182, para se diferenciar e evitar um processo judicial.
>
> Wikipédia

Seja com o nome da banda estampado na camiseta, ou mencionando-a numa entrevista, Luke, Michael, Calum e Ashton são unânimes em dizer o quanto admiram e se inspiram com Mark, Tom e Travis, do Blink-182. O cover de "I Miss You" foi um dos maiores singles dos meninos e deixou fãs de ambas as bandas, no mundo todo, arrepiadas com a nova personalidade que a canção adquiriu na mão do 5SOS.

NIRVANA

Nirvana foi uma banda americana de rock alternativo, formada pelo vocalista e guitarrista Kurt Cobain e pelo baixista Krist Novoselic em Aberdeen no ano de 1987, que estourou em meio ao movimento grunge no início dos anos noventa. Vários bateristas passaram pelo Nirvana, e o que ficou mais tempo foi Dave Grohl, que entrou em 1990, e que futuramente seria fundador do Foo Fighters.

Wikipédia

Mais uma vez, as camisetas entregam: os quatro têm uma camiseta em seu armário com a estampa escrito "Nirvana". Em "End Up Here", um trecho da música fala sobre a estranha coincidência, no refrão "You said you liked my Cobain shirt" [Você disse que gostava da minha camiseta do Cobain].

POP PUNK? O QUE É ISSO?

Pop punk (também conhecido como punk pop e outras denominações) é um gênero de fusão que combina elementos do punk rock com música pop, em graus variados. A música normalmente combina rápidos tempos do punk, mudanças de acorde e guitarras barulhentas com influência pop em melodias e temas líricos.

Wikipédia

Alguns meios de comunicação brasileiros vêm agindo com preconceito ao falar sobre a banda 5SOS. Desprezando totalmente as críticas no mundo todo (que são favoráveis, diga-se de passagem), a imprensa tem sido massacrante com alguns estilos musicais.

Recentemente, um conhecido site de notícias brasileiro classificou o 5SOS como "um punk sem agressão e um pop sem coreografia". Querendo classificar os garotos, ou rotulá-los, os sites não perdoam: "O 5 Seconds of Summer cruza hardcore melódico e boy band ao levar ao extremo as tendências de duas correntes", analisa um jornalista de um site especializado. Ele completa: "O subgênero derivado do punk se distanciou tanto da agressividade original que pode passar por pop. Já o pop adolescente pré-fabricado se esforça tanto em mostrar espontaneidade que se finge de rock. A banda australiana faz a festa no meio desse caminho".

Pelo jeito, no Brasil, os especialistas não se renderam (ainda) ao fenômeno 5SOS. Resta esperar.

"É legal quando você está confundindo as pessoas" diz Ashton. "Eu entro na internet e vejo um cara de 30 anos dizendo, 'Eles não são rock!' [...] Mas a filha dele provavelmente gosta da nossa banda. E ela vai começar a própria banda."

Ashton, que tem 20 anos, enquanto os outros garotos ainda são adolescentes, também disse que ele sempre foi um apaixonado por bandas como Blink-182, que é mais punk do que pop. "Calum é um compositor épico", disse Ashton. "Nós amamos as músicas que ele compôs no começo, nós tínhamos todas essas músicas e eram como 'Uau, podemos fazer alguma coisa bem legal pra toda a banda'. Nós somos pop/rock! Um pouco pop e rock ao mesmo tempo."

8

AFINAL, QUEM SÃO ELES?
VAMOS SUSPIRAR MAIS UM POUCO?

LUKE ROBERT HEMMINGS

Apelidos: Lukey, Hemmo
Data de nascimento: 16 de julho de 1996
Pais: Liz e Andrew Hemmings
Irmãos: Ben e Jack Hemmings
Signo: Câncer
Status: Solteiro
Educação: 11º Ano, Norwest Christian College
Cantor favorito: Josh Ramsay
Cor favorita: Azul
Filme favorito: O âncora: a lenda de Ron Burgundy

Luke é aquele cara que todo mundo gostava na escola. Será que é porque sua mãe era professora? Sim, ela era professora de matemática. Talvez por isso ele seja tão bom em contas.

Mas isso não tem nada a ver com o que vamos contar agora. Um cara boa praça, comilão, que inclusive adora competições do tipo que a pessoa tem que comer muito em pouco tempo.

Quando brincaram de quem comia mais sorvete no Pizza Hut (ele e os meninos do 5SOS vivem tendo essas ideias), comeu nada mais nada menos do que dezessete bolas de sorvete.

Ah, e ele, sem dúvida, ama chocolates. Tanto, que todas as fãs que o encontram dão esse doce de presente a ele. E ele é categórico em afirmar que ganha chocolates bem melhores do que compra. Não à toa, diz que o encontro perfeito seria ir à praia e depois ir tomar sorvete. Além dos doces, Luke ama queijo e presunto.

O vocalista da banda tem uma cadela chamada Molly, mas adora pinguins. Se pudesse ter um como animal de estimação, certamente o faria. Por isso, em todas as montagens no Facebook, as fãs colocam um pinguim nas mãos de Luke. E quando veem pinguins, dizem se lembrar dele (ah, o amor...!).

Ele não é muito supersticioso, mas afirma que seu número da sorte é 7. E seu primeiro vídeo no YouTube foi enviado num dia 3 de fevereiro de 2011. Se ele não acredita em numerologia, mesmo sendo filho de uma mulher que mexe com números, nós não sabemos, mas tem algo intrigante nessa combinação numérica cheia de números ímpares por todos os lados.

Sua música favorita do EP é "Beside You" e não pergunte o porquê. Ele simplesmente a adora.

Seu seriado preferido é *How I Met Your Mother*. Ele gosta de ficar sentado assistindo TV e comendo sorvete, sem fazer nada. É um de seus passatempos favoritos depois de cantar e tocar violão.

Embora seja visto como o mais responsável da banda, sua mãe conta que ele é mestre em perder as coisas. Já perdeu um iPhone durante uma turnê (e os amigos o provocaram porque ele ficou usando um celular velho).

Atlético, Luke joga futebol, é bom em *snowboarding* e torce para o Cronulla Sharks da Liga Nacional de Rugby.

Sua última namorada se chamava Aleisha McDonald (alguns dizem que houve uma recaída uns tempos atrás, mas ele afirma estar solteiro).

Todo mundo sabe que ele é o vocalista e guitarrista da banda e é o mais novo. Talvez por isso seja o que mais faz bagunça no banheiro após tomar banho (é o que seus amigos dizem).

Quando conheceu Michael, eram uma espécie de "inimigos íntimos". Mas depois de um ano foi só alegria. Viraram melhores amigos.

Em um show, enquanto tocavam "Heartbreak For Two", jogaram peitos de plástico neles. De um limão, Luke fez uma limonada. Quando tocaram a próxima canção, disse "Certo, esta é uma música nova, ela se chama 'All I Need' [Tudo que eu preciso]; sim, ela é sobre peitos".

Luke adora falar sobre coisas esquisitas. Disse que ele e Calum seriam os primeiros a morrer se zumbis aparecessem, e Michael saberia o que fazer.

Ah, se tiver um encontro com ele, não marque num restaurante chinês. Certa vez, isso aconteceu, ele derrubou molho na roupa e ficou traumatizado.

Embora pareça um cara legal, Luke diz ser um "escroto" quando acorda. Mesmo quando está de bom humor.

Não sabemos em que hora do dia ele resolveu virar um astro. Mas verdade seja dita: ele nasceu para isso.

Mapa astral simplificado do Luke

- **Câncer** é o primeiro signo de água do Zodíaco. Ser de Câncer é vivenciar a realidade de uma forma subjetiva, é mergulhar fundo no mistério dos sentimentos humanos.
- A característica lunar confere ao tipo Câncer uma qualidade frágil, que a pessoa aprende a proteger por meio do desenvolvimento de uma carapaça extremamente dura.

- Em Câncer, os valores lunares estão em evidência: a fantasia sonhadora e artística, o devaneio, a receptividade, a necessidade de segurança e conforto.
- A emotividade canceriana é poderosa. Poético, sonhador, boêmio, profundo, o signo de Câncer carrega consigo o grande diferencial que é o poder de irradiar a impressão da intimidade, que faz a maioria das pessoas se sentirem à vontade na sua presença.

NUMEROLOGIA

Seu anseio o impulsiona a desenvolver responsabilidade e espírito de equipe, a fim de ser considerado um homem solidário, protetor e harmonizador.

Desse modo, por trás de suas atitudes, está sempre a ambição de unir pessoas ao seu redor em um clima repleto de harmonia.

ASHTON FLETCHER IRWIN

Apelido: Ash
Data de nascimento: 07 de julho de 1994
Pais: Anne-Marie. O nome de seu pai não é conhecido.
Irmãos: Lauren (12 anos) e Harry (10 anos)
Signo: Câncer
Status: Solteiro
Educação: Formado na Richmond High School
Músico favorito: James Morrison
Cor favorita: Vermelho
Comida favorita: Macarrão
Filme favorito: À procura da felicidade

Muitos se perguntam como ele começou, e quase ninguém imagina que foi seu padrasto que o incentivou a seguir carreira. "Meu padrasto me fez começar a tocar bateria quando eu era bem novo. Ele era de uma banda de rock cover, que tocava músicas do Fleetwood Mac, e coisas assim. Acompanhei ele nas suas turnês e costumava assisti-los todo fim de semana. Eu ficava tocando a bateria dele na garagem de casa, e um dia, ele me chamou ao palco para tocar a música 'Sweet Home Alabama' do Lynyrd Skynyrd. Esse foi o começo da minha trajetória. Foi o máximo para mim, eu pude me apresentar para uma plateia de cem pessoas e foi a melhor coisa do mundo. Isso me fez desejar me apresentar para as pessoas", contou em uma entrevista para o site radio.com.

Ashton foi o último a entrar na banda. Ao contrário de Luke, que é 100% australiano, ele tem ascendência norte-americana. Antes de entrar no 5SOS, fazia parte de uma banda chamada Swallow the Goldfish. Mas não tinha noção do universo musical. Achava que EP significava episódio. E odiava que os integrantes do 5SOS esquecessem as coisas que iam dizer em seus vídeos.

Sua memória de infância favorita não poderia deixar de ser relacionada à música: ele se lembra perfeitamente do dia em que tocou bateria para uma plateia pela primeira vez.

Mas isso foi há muito tempo. Hoje, do alto de seus 1,83 m, ele olha para suas fãs com a mesma admiração que elas o olham. E diz que namoraria uma fã sem nenhum constrangimento. Gosta de mulheres únicas e belas à sua própria maneira, sem que sigam padrões. E também teria um casamento com quatro mulheres. Mas diz que teria que se mudar para o Paquistão para que isso acontecesse.

Será que elas aguentariam o chulé do rapaz? Seus amigos de banda dizem que ele tem chulé. Mas ele jura que não tinha, até uma cerveja cair no seu sapato.

Ashton ama artes e escuta heavy metal. Adora o verão e o inverno da mesma maneira. No inverno, costuma esquiar. E se diz bom nisso. E em qualquer estação, curte tomar milk shake de banana, sua marca quase registrada. Mas não pense em lhe oferecer uma azeitona, ele odeia.

Quer um conselho? Procure Ash e o terá. Os meninos da banda o consideram o conselheiro oficial da turma. Mas o que tem de bom conselheiro, tem de péssimo em memória. Ele sempre esquece suas chaves e tem que subir no telhado e entrar pela janela na própria casa.

Mesmo sendo destemido, tem medo de agulhas e de escuro. E de quebrar o pulso. Mas ele já quebrou. E acredite, não foi uma boa experiência.

Ashton é aquele tipo de cara que sonha em fazer um show e doar todo o dinheiro para a caridade. Dizem que ele é o mais sensível da banda. Talvez porque quando fica escutando Coldplay, banda que adora, se perde nos próprios pensamentos. Será que ele fica relembrando suas partes favoritas do show? Ele não consegue esquecer os momentos em que a plateia canta junto com eles.

O galã conquistou o físico invejável porque era nadador de nível estadual. Ganhou sua primeira bateria aos oito anos e só deu seu primeiro beijo aos dezesseis. Talvez por isso diga que é o membro mais embaraçoso do 5SOS.

Ele gosta do Justin Bieber. Mas ama mesmo Reec Mastin. Ama tanto que quando foi tirar uma foto com ele, disse que ele cheirava bem.

Ash tentou entrar para o *The X Factor* em novembro de 2010. Sua música favorita para tocar ao vivo é "Year 3000". E se pudesse colaborar com um dos seus cantores favoritos, escolheria Alex Gaskarth e Rita Ora.

Ele ronca, usa óculos, ama a marca de tênis Vans, e diz saber o que é amor quando sabe o pedido do amigo no MacDonald's. Seu filme da Disney favorito é *Hércules*. Ah, e ele adora pôneis. Esse é um dos motivos pelos quais as fãs vivem fazendo montagens de Ash nas redes sociais, andando pela cidade em pôneis de diversas cores.

Uma revelação inesquecível que fez à revista *Vogue* (sim, eles fizeram um editorial de moda com os garotos!) foi que usa jeans da seção feminina (por isso são tão justinhos!).

Toca piano, saxofone e violão. E se não fizesse música, seria professor de música.

Com tantos predicados, ele diz que namoraria a si mesmo.

Uma das coisas que todo mundo pergunta a Ashton em entrevistas é por que ele se refere à irmã com tanto carinho e sempre diz cuidar dela como um pai. As explicações vieram num bate-papo intimista com a revista *TOTP*, quando perguntaram a ele o que realmente havia acontecido com sua família.

Ashton, que não é de meias palavras, soltou a bomba inesperadamente: disse que seus pais se separaram quando ele era mais novo e, sendo o mais velho, teve que cuidar da irmã. Para ele, foi algo difícil de superar.

O rapaz também conta que o pai os deixou e isso o fez crescer sem uma referência paterna. "Meu pai nos deixou, então cresci com minha mãe e minha irmã – só nós três, até que meu irmãozinho chegou", relata.

Hoje ele acredita ter superado esse trauma. E diz que se sente bem por ter cuidado da irmã com tanto carinho. Esse lado "carente" e "protetor" parece ter sido um dos motivos para que as fãs se derretessem por Ashton. "Cuida de mim" já é algo que se ouve com certa frequência (das fãs) por onde ele passa.

Outra curiosidade interessante, e que explica por que o astro é tão rico em caricaturas nas redes sociais, é que Ashton já foi ator. O garoto de 20 anos amava o que fazia, e diz que pensa em voltar a atuar. "Eu atuava alguns anos antes de começarmos a banda, então gostaria de fazer isso novamente", admite. "Era divertido e prazeroso", contou em uma de suas inesquecíveis entrevistas.

Enquanto sonha com o dia em que enfrentará as câmeras encarnando um novo papel, ele admite que será difícil arranjar namorada que suporte o ritmo da banda. "Acho complexo, porque estamos num país diferente a cada dia. Só passei duas semanas em casa este mês. Será que alguém aguentaria esse ritmo comigo?"

As fãs respondem: "Sim, com certeza".

Mapa astral simplificado do Ashton (ele também é canceriano!)

- A característica lunar confere ao tipo **Câncer** uma qualidade frágil, que a pessoa aprende a proteger por meio do desenvolvimento de uma carapaça extremamente dura.
- Alguns cancerianos parecem exalar uma estranha aura de frieza, mas isso não passa de uma armadura.
- Num sentido positivo, é um signo que consegue extrair excelentes lições dos fatos ocorridos, mas o lado negativo é que pode se tornar uma pessoa inerte, rancorosa, paralisada, apegada ao passado, a épocas que não voltam mais.
- Como a Lua, flutua, alternando entre o senso de humor mais carismático, empático, envolvente, até a melancolia muda, travada.

NUMEROLOGIA

O que mais o motiva é agir com ambição. Tem princípios éticos e senso de justiça. Gosta de ser respeitado, obter o reconhecimento profissional, alcançar o sucesso (inclusive financeiro) e atingir uma posição de influência e liderança.

Por isso, desenvolve seu senso de valores, sua capacidade executiva e empreendedora, bem como suas habilidades administrativas.

Número de motivação: **8**

CALUM THOMAS HOOD

Apelidos: Cal, Cash Money
Data de nascimento: 25 de janeiro de 1996
Pais: Joy e David Hood
Irmã: Mali-Koa Hood (22 anos)
Signo: Aquário
Status: Solteiro
Educação: 11º Ano, Norwest Christian College
Cantor favorito: Guy Sebastion
Comida favorita: Pizza
Cor favorita: Azul-bebê

Apesar de parecer mestiço, Calum não é asiático como a maioria imagina. Essa é uma das perguntas que mais responde a fãs. E seus olhos puxados lhe conferem tanto charme que fica impossível resistir ao membro mais sorridente e considerado o mais sexy da banda. Neozelandês e escocês, e torcedor do Liverpool, ele já jogou futebol e desistiu de ser jogador para se dedicar à música (já veio inclusive ao Brasil para uma competição de futebol).

Sua irmã já vivia no mundo da música há muito tempo. Amante de algumas bandas famosas que ouvia o dia todo, ela o influenciou não só na escolha da profissão (ou será vocação?) como na formação musical (será que é por isso que ele gosta tanto da Katy Perry, a ponto de dizer que se ficasse preso no elevador com alguém, queria que fosse com ela?).

Ele tem uma tatuagem com o nome da irmã logo abaixo da tatuagem do pássaro, além da tatuagem de uma pena e o número MMXII (2012), que com certeza deve significar que 2012 realmente foi um ano bom para a banda.

Calum acredita ser o mais diferente da banda. Já comentou algumas vezes que acha que as pessoas ficam confusas por ele ser o único que não é loiro e nem branco do 5SOS.

Ao mesmo tempo, sempre foi considerado o garoto com o melhor corpo (e adora fazer selfies sem camisa pra mostrar seus atributos!). Ashton diz que o rapaz tem a melhor bunda da banda. Mas isso ele ainda não mostrou nas fotos feitas pelo celular – para desespero das garotas. E toda vez que ele tira a camisa, Luke aparece sem calças (uma brincadeira típica de garotos). E ele também é o mais alto: 1,85 m!

Calum já apareceu nu em um vídeo na internet, e se tornou objeto de desejo das mulheres (ou meninas) do mundo todo, que vivem perseguindo-o nas redes sociais, implorando para que tire a cueca novamente (sim, você verá adiante que essa banda não tem nada de conservadora!).

Ele sempre foi o melhor amigo do Michael, e achava o Luke o máximo, mas não podia ser amigo dele já que Mike era inimigo do Luke naquela época.

Assim como seus amigos, ele gosta de sorvete. E seu sabor preferido é chocolate com menta. Provavelmente é o que ele come quando senta para escrever as músicas do 5SOS. Ah, se você não sabia, ele é o que mais escreve canções para a banda.

Entre suas excentricidades, incluem-se gostos peculiares. Ele ama chá, odeia sal e vinagre. E só gosta de queijo do tipo cheddar.

Ao contrário dos outros, ele deu seu primeiro beijo cedo: aos treze anos de idade.

Mapa astral simplificado do Calum

- **Aquário** é um signo de alma grandiosa, no sentido de que sua consciência se concentra nas infinitas possibilidades das coisas.
- Tem o "dom da visão": ele "vê" o que fará sucesso no futuro, "fareja" o que ainda será moda. Sua mente está sintonizada telepaticamente com os códigos mentais que ainda estão sendo planejados. Ele se adianta e os "capta".
- Maiores qualidades: originalidade, individualidade, consciência social desenvolvida. Defeitos a ser trabalhados: utopias exageradas, tendência a chocar por chocar, teorias impraticáveis.

NUMEROLOGIA

O que mais o motiva é ter a liberdade para se envolver em experiências novas, diversificadas e excitantes. Tem versatilidade e curiosidade para dar conta dos variados interesses que possui.

Número de motivação: **5**

MICHAEL GORDON CLIFFORD

Apelidos: Mikey, Mike
Data de nascimento: 20 de novembro de 1995
Pais: Karen. O nome do seu pai não é divulgado.
Irmãos: Michael é filho único
Signo: Escorpião
Status: Solteiro
Educação: 12º Ano, Norwest Christian College
Músicos favoritos: Busted
Comida favorita: Pizza
Filme favorito: *Forrest Gump, o contador de histórias*

Michael tem ascendência inglesa, escocesa, irlandesa, alemã e australiana, mas parece o típico garoto norte-americano. Gosta tanto de cheeseburger que diz que essa é sua palavra favorita. Toda vez que vai a uma lanchonete, pede cheeseburguer sem cebola e sem picles, refrigerante e frango frito com molho agridoce. Sua paixão pela rede McDonald's é grande: diz que se fosse ter uma namorada, ela deveria trabalhar lá (que gosto obsessivo por hambúrgueres!).

Para as fãs, ele parece ser o mais acessível. Tanto que diz não gostar de chamá-las de fãs: "Elas são a família que nunca tive", comenta.

O garoto orgulha-se de seus lábios grandes que se parecem com os de Angelina Jolie. Ele se autoapelida de "Mangelina Jolie". E odeia seu sobrenome "Gordon".

Brincalhão, solta piadas que muitas vezes são confundidas com verdades. No meio das entrevistas, alguns jornalistas não conseguem distinguir quando ele está sendo irônico. Certa vez, citou que se a banda não tivesse esse nome, chamaria-se Bromance. Será?

Não consegue viver sem computador, mas adora natureza. E um de seus passatempos preferidos é passear pela praia. Certa vez, já deu flores a uma garota que tinha namorado, ela achou bem fofo, mas as pessoas contaram a ele que ela era comprometida.

Ele disse que ver o selo de conta verificada no Twitter o fez sentir-se como um unicórnio majestoso com um grande chifre.

Se Michael pudesse tocar outro instrumento, certamente seria a flauta. Porque Michael é um espécime raro de garoto doce, que não demostra tudo aquilo que está dentro de si. E isso confunde as fãs. Umas o consideram extremamente extrovertido, por suas sacadas perspicazes. Outras acham que ele é o mais fofo. Ele é o dançarino da banda. E diz também que é um Pokémon.

Uma curiosidade engraçada é que ele e Calum jamais haviam ido a um show antes do próprio show.

Ele tem uma tatuagem "To The Moon" (para a Lua), uma âncora e um "X".

Seu cabelo rende um capítulo à parte (que está mais adiante!).

Mapa astral simplificado do Michael

- **Escorpião** é o signo do mergulho profundo nos mistérios da vida. Sendo um signo de água, as emoções estão sempre intensamente envolvidas, e são profundas.
- A poderosa vontade escorpiana se manifesta e pode ser verificada quando se percebe que ele é o criador do próprio destino. Geralmente revoltado contra a ideia de uma "força superior" que reja sua vida, o escorpiano se rebela, se angustia, rompe com as estruturas congeladas.
- A qualidade mais marcante desse signo diz respeito ao seu poder de realizar transmutações em tudo o que toca.
- As coisas são vividas com uma paixão poderosa, que caracteriza um tipo fascinante e envolvente, polêmico e tomado pelo mistério.

NUMEROLOGIA

O que mais o motiva é seu senso de justiça. Tem muito espírito de equipe e é solidário e protetor.

Tem atitudes solidárias e quer sempre unir pessoas para criar um clima harmonioso e de companheirismo.

Número de motivação: **6**

O QUE ELES DIZEM SOBRE ELES MESMOS
(5SOS por 5SOS)

Certamente ter participado da turnê com o 1D foi determinante para a carreira do 5SOS. E eles não negam isso diante das câmeras. Mas também não negam que têm talento, que sabem conquistar fãs, que tocam bem ao vivo, e que se inspiraram em outras bandas. Se tem uma coisa que não falta no 5SOS é isso: sinceridade. Na veia, daquelas que dizem o que for preciso, doa a quem doer.

Reunimos aqui depoimentos dos meninos em algumas entrevistas que dizem muito sobre o temperamento e o comportamento inusitado deles.

Sempre espontâneos e cheios de personalidade, eles dizem que já passaram por apuros incríveis, como ter que pedir dinheiro na rua para a gasolina, ao terminar um show.

Mas não se intimidam quando precisam tomar decisões sérias.

Já pensaram em participar do *The X Factor*, mas no final decidiram que não queriam o selo do programa ligado a eles (há quem diga que essa decisão partiu de consultores, mas não importa neste momento).

Dos shows, eles sempre trazem histórias para contar. Certa vez, em Melbourne, as calças de Calum rasgaram da virilha ao joelho. Os meninos não tiveram dúvidas. Colocaram uma grande fita adesiva na calça, enquanto ele tocava e contava para a plateia o que tinha acontecido naquele momento. Constrangedor? Não para eles.

Um dos rituais dos garotos é escovar os dentes juntos antes de subirem ao palco (hum, então tem sempre um hálito bom quando as fãs chegam perto...), mesmo que a plateia seja pequena. Em um dos primeiros shows da banda, Michael acreditava que haveria duzentas pessoas. Chegaram lá e tinha só doze. "Foi horrível, mas amamos o show que fizemos. Sabíamos que era o começo. E pra começar, tem que acreditar em algo e ir em frente", disse Ash, um dos mais confiantes e entusiastas da banda.

O bom para as fãs australianas é que Luke prometeu que não seguirá os passos de outras estrelas da música como Iggy Azalea e deixar a Austrália para trás, ainda que obviamente tenham que viajar para se apresentar. Quando perguntados se iriam embora, disseram: "Não permanentemente, porque é nossa casa". "Eu acho que nós sempre teremos tempo de ir para a Austrália e ver nossas fãs e nossas famílias. Isso é muito importante para nós", disse Luke. O companheiro de banda Michael acrescentou: "Sim, minha família não irá se mudar de lá, então eu sempre voltarei".

Claro que com tanto sucesso vem o "Efeito Bieber" de ódio. E para cada fã on-line que ama eles há outros mil que zombam. Isso é aceitável na internet, palco de muitas desavenças, como veremos a seguir.

Alguns zombam deles por começarem como o Blink-182 e o Green Day começaram. Isso promoveu certa vez a *hashtag* #KeepSmilingAshtonWeLoveYou nos *trending topics* mundiais do Twitter.

Certa vez, Ashton ficou estressado com os ataques na internet: "Fique com a gente, ou contra a gente, não goste do que fazemos, tudo bem, a verdade é uma só, p***a, tudo para os fãs, não se atreva a me dizer o contrário".

Mas nem sempre tudo foi fácil para eles. Ashton alega ter sido quase esfaqueado várias vezes em Riverstone, subúrbio onde moram três integrantes do 5SOS, Luke, Michael e Calum. "É muito violento", diz ele. "Isso nos fez ficar juntos, fortaleceu nosso vínculo, porque quando nos conhecemos percebemos que éramos parecidos."

Sobre o 1D

Nós ouvimos que Louis nos viu no YouTube e quis nos levar pra excursionar. Aprender como sair em turnê com os caras realmente mudou nossas vidas.

Calum

Nós falamos mais com o Niall – mas nos damos bem com todos eles.

Ashton

Não tem muitas brincadeiras [na turnê] – eles têm seguranças assustadores. Nós evitamos os seguranças o máximo que podemos. Tem bastante fruta voando, aliás. Eles são realmente caras engraçados. O humor deles é parecido com o nosso.

Calum

Sobre a vida amorosa

Somos apaixonados por uma celebridade: amamos Katy Perry. Mas quem não é fã dela? Acho que a maioria da população masculina é.

5SOS

Eu sou um pouco estranho, então tenho que olhar pra uma garota peculiar. Eu gosto de cabelo curto, uma garota esportiva, qualquer coisa – se uma garota gosta de mim, então eu vou gostar dela!

Calum

Sobre se acostumar com a fama

É uma loucura para nós, mas somos muito gratos a cada uma das pessoas que nos apoiou – onde nós moramos não existem muitas pessoas que têm esse tipo de oportunidade de fazer o que ama. Eu não acho que estamos realmente preparados para isso. Estamos bastante assustados, mas eu acho que estamos meio que escondendo isso no momento.

Calum

Nós somos os mesmo garotos de quando começamos. Apenas parecemos um pouco mais velhos agora.

Michael

Sobre fãs

Eu não poderia querer fãs melhores. Nossas fãs fazem as coisas acontecerem. É tão bom, elas nos levam para todo o mundo. É muito bom vê-las em cada pequeno aeroporto, cada estação de trem, aonde quer que vamos.

Ashton

Amizade entre a banda e a personalidade deles

Nós somos realmente bons amigos. Eu não conseguiria me imaginar em uma banda com pessoas de quem não gosto.

Calum

Luke seria o tímido; Ashton é o falante e engraçado; Michael é o selvagem… e eu sou apenas o cara sossegado.

Calum

Não, nós somos apenas uma banda esquisita, vamos encarar isso. Na banda dizemos que se as coisas ficam esquisitas no palco, tirem suas calças. Se você tirar suas calças, dois esquisitos tornam a situação menos esquisita.

Ashton

Temos uma regra: se uma pessoa da banda tira a calça, todos têm que tirar também.

Michael

Sobre ser punk

Nós estamos tão orgulhosos da música que fazemos – nós amamos isso – e somos destemidos. Se alguém nos coloca para baixo, nós não ligamos. Isso não é um pouco punk – não dar a mínima para o que as pessoas dizem?

Ashton

Sobre virar influência para pessoas mais novas

Se uma criança pega baquetas por causa da nossa banda, missão cumprida. Ter guitarras na rádio novamente é ótimo.

Ashton

Sobre namorar fãs (resposta tapa na cara!)

Essa pergunta é como se elas fossem de outra espécie. Uma fã é uma pessoa normal! Contanto que elas valorizem você por você e não apenas por estar em uma banda...

Luke

A namorada ideal

Eu gosto de garota que é excêntrica, engraçada e um pouco esquisita. Nós somos garotos estranhos, então isso precisa ser equilibrado.

Calum

Eu estou apenas procurando por alguém que goste de mim, e que seja confiante.

Luke

Caráter é importante, então eu procuro alguém que seja confiante e interessante.

Ashton

Minha garota dos sonhos seria engraçada, estranha e carinhosa! Eu não sei se já a conheci, mas talvez eu tenha, e apenas não saiba disso ainda.

Michael

Sobre gravar em estúdio

Nós amamos estar no estúdio. Eu gosto por ser uma coisa tão serena para nós. Temos uma agenda lotada e isso nós dá um tempo para a cabeça, e você coloca suas emoções na música, sabe?

Ashton

Sobre tocar ao vivo

Acho que tenho mais orgulho de 'She Looks So Perfect'. É legal termos escrito uma música que fez tanto sucesso. É legal que combinamos o rock e o pop, é cativante.

Michael

Eu realmente amo tocar 'Beside You'. É uma ótima balada e eu adoro tocá-la em grandes lugares. A música foi feita para ser tocada em lugares maiores e é incrível quando todo mundo leva ao alto seus isqueiros acesos.

Ashton

É incrível que as pessoas escutem a sua música, especialmente estando em uma banda que cresceu na garagem da minha mãe. É incrível que as pessoas prestem atenção no que estamos fazendo e nos vejam como uma banda que faz música boa. Isso também abre um mundo de oportunidades quando você tem uma música de que as pessoas gostam. Você conhece pessoas que realmente o influenciaram e tem a oportunidade de escrever com elas.

5SOS

Sobre conhecer os ídolos

Eu consegui conhecer o Dave Grohl duas semanas atrás e aquilo foi incrível pra mim. A banda dele me influenciou pessoalmente. Foi um grande momento para mim e eu nunca teria isso se não estivesse no 5SOS. Conversei com ele por 20 minutos e ele era um cara muito autêntico, com grandes histórias para contar.

Ashton

Sim, nós conhecemos [nossos heróis]. Durante o último ano e meio tivemos a chance de conhecer pessoas que têm sido nossa inspiração e tocar com seus instrumentos, como os irmãos Madden, do Good Charlotte... tem sido absolutamente incrível.

5SOS

Sobre a melhor comida do mundo

Eu não sei, isso depende. Uma coisa pela qual esta banda é obcecada é pedir serviço de quarto seis vezes por dia. É uma das melhores coisas de se estar em turnê, o serviço de quarto. Eu realmente não sei onde tem a melhor comida, mas eu curto experimentar diferentes tipos nos lugares aonde vou. Acho que é uma das coisas mais importantes quando você quer mergulhar na cultura.

Ashton

Nós excursionamos em partes da Europa e quando estamos no ônibus paramos em lugares muito aleatórios, no meio do nada, e você tem que provar as coisas porque não tem mais nada para comer. Não sei qual foi a coisa mais estranha que já provei, mas sei que já provei muitas coisas.

Ashton

O que assistem?

Eu estou realmente obcecado com esse filme do momento, Guardiões da Galáxia. A trilha sonora do filme é legal, é tão funk das antigas. Eu realmente gosto da bateria e do baixo. Isso é o que estou ouvindo no momento. É bem estranho, mas legal.

Ashton

Melhor conselho?

Foi na verdade do meu avô, ele me disse para ser grato por tudo que acontecer comigo e continuar com o pé no chão e focado em metas – não ser pego por coisas pequenas, mas pelo resultado final que você quer.

Ashton

Sobre ter fãs do sexo masculino

Eu acho que, eventualmente, nós vamos acabar nos tornando mais acessíveis aos caras, à medida que nossos fãs crescem – o mesmo acontece com a nossa música. Eu acho que é questão de tempo, nós definitivamente não ficaremos mais pop do que somos agora. Todas as bandas podem começar a ser bem legais em um certo ponto para os caras, nós podemos crescer nisso. Se tudo der certo, nós veremos mais caras nos shows. Alguns dos nossos fãs são bem jovens. Se você vier a um show do 5SOS e for muito novo, fique no fundo e use protetor de ouvido!

Michael

Adoro ver como o Duran Duran tinha uma base de fãs do sexo feminino, então cresceu até os homens começarem a gostar deles também. Seria legal mesmo se tivéssemos cinco por cento de fãs do sexo masculino.

Ashton

Eu iria aos nossos shows só para pegar as meninas.

Luke

Sobre as turnês

É uma incrível oportunidade para um artista australiano lançar um álbum ao redor do mundo. É a melhor coisa de todas ter um senso de identidade no disco. Nós vamos amar cada minuto tocando essas músicas ao vivo.

5SOS

Sobre dançar

Nós definitivamente não sabemos dançar, então isso está fora de cogitação para a gente.

5SOS

O que levam no ônibus

Nos ônibus com as turnês, a geladeira está cheia de leite com chocolate e M&Ms até não poder mais.

5SOS

Sobre covers de bandas

Fazemos um cover de uma banda mais antiga chamada The Romantics, que tem uma música chamada 'What I Like About You'. Nós refizemos a música. Nossa base de fãs é realmente muito dedicada, e nos apoiam muito nas escolhas que fazemos, e uma coisa que gostamos de fazer é reacender a popularidade de algumas canções. Então, refizemos essa e colocamos no EP She Looks So Perfect. *As fãs realmente gostaram, é um empolgante cover de rock'n'roll.*

Ashton

9

A BANDA

O NOME DA BANDA

(Ou: por que apenas 5 segundos?)

Eles não terão *apenas* cinco segundos de fama. Isso já deu pra perceber.

Com carreira estável e bom senso na hora de tomar decisões (diferente de muitas bandas com integrantes jovens), os meninos do 5SOS parecem ganhar força a cada entrevista. E fãs a cada novo clipe. A cada tuíte, a cada post nas redes sociais.

Como uma banda consegue conquistar e consagrar seu sucesso com tamanha eficiência?

Já vimos por aqui que eles mal sabem como surgiu o nome da banda. "Cinco segundos de verão" teria sido inventado por Michael em uma aula de matemática. O nome foi odiado de imediato. Mas colou. E passaram a chamar a banda assim. Mesmo com apenas quatro integrantes.

Luke, que foi quem começou essa história toda de postar vídeos no YouTube, diz que vai inventar uma história sobre dragões e mistificar um pouco o significado do nome, já que está cansado de responder uma pergunta cuja resposta é tão simples. O nome da banda veio da cabeça deles, num momento descontraído entre amigos. E não tem absolutamente nenhuma ligação com nada. É só um nome cujo significado não é uma profunda explanação sobre algo que viveram, passaram ou sentiram em algum lugar.

"Eu mudaria [o nome] para 4 Seconds of Summer só para que as pessoas parassem de perguntar o que isso significa", revelou Luke em uma entrevista. Ash diz que escolheria alguma coisa mais fácil de entender, tipo "Generic Band Number One".

O MASCOTE DA BANDA

(E quinto integrante?)

Um dos xodós da banda, e já conhecido do grande público, é um cachorro chamado Ketchup. Se você é fã da banda, sabe que estamos falando de um cachorro de mentira.

Sempre presente em fotos e tuítes (inclusive algumas garotas já se passaram por namoradas dos garotos por comprarem cães de mentira iguais aos deles e postarem fotos no Twitter com *hashtags* comprometedoras), ele se tornou o símbolo e mascote oficial da banda. Ele acompanha os meninos em shows e já virou celebridade por causa dos videoclipes.

Algumas outras questões, assim como ter um cachorro de mentira, também parecem brincadeiras deles (quando eles são sérios?). Dizem que escolheram o nome da gravadora por votação de fãs. Será verdade?

EXCENTRICIDADES DA BANDA

(Chegou a parte de que elas gostam...)

A banda pop punk 5SOS já fez de tudo um pouco.

Excentricidade é com eles mesmos. Prova disso é que, quando foram para a Califórnia para um show, resolveram vender os ingressos pessoalmente.

O resultado? Fãs febris, soluçando, e alvoroçadas com a presença dos músicos. Antes de irem para a bilheteria colocar a mão na massa, Ashton disse que a única preocupação do grupo eram as habilidades matemáticas. Eles nem pensaram em tumulto ou segurança. A ordem era se divertir.

"Queríamos algo épico. Quer algo mais épico que isso?", disseram no Facebook. "Para nós, essa tem sido uma das maiores semanas de nossas vidas. Obrigado a quem já comprou o álbum... Vocês significam muito para nós. Nós ainda estaríamos ensaiando na garagem do Ashton se não fosse por vocês. Obrigado, obrigado, obrigado!" O post foi feito logo após o álbum de estreia ser lançado nos Estados Unidos – mas antes de atingir o número 1 na parada da *Billboard*.

Além de vender ingressos pessoalmente, os meninos também já fizeram brincadeiras como se vestir de funcionários de supermercado e importunar os clientes com cópias dos seus álbuns.

E as pegadinhas não pararam por aí: em uma brincadeira com fãs, num programa de televisão, os garotos fizeram-nas acreditar que estavam concorrendo pelo recorde de banda com mais beijos do mundo. A brincadeira consistia em fazer as fãs beijarem uma TV com cada um dos meninos do outro lado. Quando as meninas se aproximavam, surgia o rosto de outro homem. No final, a banda acabou recompensando as fãs, que puderam conhecer seus ídolos.

EREÇÃO DE ASHTON ENQUANTO RECEBIA PRÊMIO
(Já que estamos falando de excentricidades!)

Tudo começou quando a banda não pôde comparecer pessoalmente ao Teen Choice Awards 2014 para receber suas pranchas por Banda Revelação e Banda do Verão, então eles enviaram uma mensagem em vídeo para todas as fãs e telespectadores.

Só que estavam, vamos dizer, num banho grupal com toalhas amarradas na cintura.

Nós pedimos imensas desculpas porque não pudemos estar aí hoje. Mas queremos falar muito obrigado a todas as nossas fãs que votaram em nós para Banda Revelação e Banda do Verão. Obrigado ao Teen Choice Awards por nos deixar gravar este vídeo. E, basicamente, obrigado a cada fã que já fez qualquer coisa para nós. Nós amamos vocês demais e estamos em turnê no momento, no chuveiro. Estamos juntos para surfar agora. Agora. Nós estamos tentando surfar. Vemos vocês em breve.

Tudo estava bem, e o vídeo foi postado, porém, quando assistiram, as fãs tiveram uma surpresa: Ashton havia se empolgado demais na hora da gravação. Sim, ele estava excitado e com uma ereção no momento da gravação.

Tudo indicava que ele poderia ficar constrangido com aquilo, mas na verdade, além de rir com o ocorrido, admitiu o que havia acontecido ali. Em alto e bom som no Twitter, ele postou com todas as letras:

> **@Ashton5SOS:** "Aparentemente, eu tive uma ereção no vídeo de agradecimento..."

Claro que as fãs não perdoaram. Ou melhor, adoraram a confissão e retuitaram, dando respostas das mais diversas:

> **@CLIFFORDGALAXY_:** "Querido Ashton Irwin do 5SOS, meu amor por você é maior que seus dedos e mais proeminente que sua ereção #MTVHottest 5 Seconds of Summer."
>
> **@RollingHemmo:** "EREÇÃO NA TELA GRANDE @Ashton5SOS."
>
> **@5SOSPHTeam:** "Aquele estranho momento quando você está em um telão e sua ereção é óbvia... @Ashton5SOS O que você acha, cara?"
>
> **@Fivesosonline:** "A ereção que matou uma geração inteira de garotas. @Ashton5SOS."
>
> **@5saucereppin:** "ASHTON IRWIN COLOQUE ESSA EREÇÃO ONDE ELA PERTENCE."

Para não ficar para trás, Calum tem abusado da mania de tirar a roupa nas fotos que posta no próprio Instagram. Com a legenda "como nós celebramos", ele postou fotos sem camisa, segurando uma garrafa de champagne (e sentado sobre uma bicicleta rosa).

Mas não foi a primeira vez que isso aconteceu. Quando passaram a marca dos quatro milhões de seguidores no Twitter, Ashton tuitou "4 milhões de seguidores! Estou pelado".

E no final de agosto, foi a vez de Calum tentar quebrar o recorde de compartilhamentos na internet. Dizem que o tal vídeo "vazou", mas a verdade é que surgiu por aí um vídeo com cinco segundos do astro totalmente pelado. O vídeo viralizou e foi batizado como "5 Seconds of Penis" (cinco segundos de pênis).

Os jornais noticiaram o "evento" da seguinte maneira: "Vazou na internet um vídeo de Calum Hood, baixista da banda 5 Seconds of Summer, completamente nu, mostrando o pênis. O baixista estava de frente para o espelho, filmando apenas do pescoço para baixo, e enviou o material pelo Snapchat para alguém. Mas quem recebeu o vídeo acabou espalhando pela rede".

Calum confirmou (mas como negar, meu rapaz?) que realmente era ele nas imagens.

E, é claro, foi através do Twitter que se identificou.

Num post engraçado, sugeriu: "Pelo menos agora vocês sabem como ele é".

Mas, logo em seguida, se defendeu: "Sou apenas um adolescente aprendendo com meus erros".

Excentricidades de uma banda que saiu da adolescência para as paradas de sucesso.

10
DISCOGRAFIA, VÍDEOS E MÚSICAS

"Não tenho certeza se tem muitas discussões nas sessões de composição de músicas. Nós estamos todos na mesma onda e sempre vamos na mesma direção. Estamos sempre pulando entre várias ideias diferentes, e sabemos o que soa melhor. Confiamos uns nos outros e "vamos em frente com isso". Se você escuta uma parte que ficou meio ruim, simplesmente muda.

Michael

Foi em 2014 que o 5SOS liberou parte do material inédito em que vinha trabalhando desde 2012. Em março, o primeiro single oficial da banda foi lançado. "She Looks So Perfect" fez parte de um EP com o mesmo nome, e como single, chegou ao topo do iTunes em 46 países. A faixa ganhou ainda um videoclipe, que conquistou milhões de visualizações no YouTube e na Vevo em poucas semanas.

"SLSP", a abreviação do nome da música, levou a banda até as primeiras posições da *Billboard*, e até o 1° lugar da UK Charts (Reino Unido), e da Aria Single Charts (Austrália).

Depois da estreia do single, e do seu sucesso pelas paradas de todo o mundo, a banda começou a ser convidada para participar de programas de TV, dando entrevistas e fazendo performances ao vivo.

A primeira apresentação da banda em uma premiação norte-americana foi com "She Looks So Perfect", no Billboard Music Awards, assistido por milhares de pessoas.

Depois foi a vez de "Don't Stop", que conseguiu boas posições no iTunes e trouxe um EP com o mesmo nome. No vídeo da música, os meninos aparecem fantasiados de super-heróis, o que rendeu boas críticas à banda e um alvoroço inigualável entre as fãs que adoram ver os meninos em roupas coladinhas.

Depois de anunciar "Don't Stop", eles lançaram um jogo on-line chamado "Hungry 5SOS". O site em que o game foi colocado teve tantos acessos, que em poucas horas ficou fora do ar. As fãs logo descobriram que se tratava de uma espécie de Pacman e que, conforme a sua pontuação, poderiam conquistar a capa do tão aguardado álbum de estreia da banda, intitulado *5 Seconds of Summer*, e as prévias de algumas músicas.

Quando foram bloqueados para o número 1 da Billboard 200, o álbum homônimo do 5SOS não perdeu a chance de marcar presença no iTunes. Versões separadas do álbum, que recebeu mais de 115 mil pré-encomendas para ser o record da Universal Music Group, instantaneamente chegaram aos dois primeiros lugares na parada de vendas de álbuns do iTunes.

A partir do momento de impressão às 12:25, a edição bônus de U$11,99 deteve a primeira posição na tabela. A edição padrão de U$9,99 ficou em segundo lugar.

O quarteto de pop rock também teve seis músicas no Top 100 da lista de singles do iTunes.

O single *Amnesia* liderou o caminho na 36ª posição, seguido pelo single de estreia nos EUA, *She Looks So Perfect* (37ª), e *Everything I Didn't Say* (50ª), *Good Girls* (70ª), *Don't Stop* (83ª) e *Kiss Me Kiss Me* (84ª).

DISCOGRAFIA

Unplugged
Tipo: EP
Gravadora: -
Lançamento: Junho/2012

Somewhere New
Tipo: EP
Gravadora: -
Lançamento: Dezembro/2012

She Looks So Perfect
Tipo: EP
Gravadora: Capitol Records – Hi or Hey Records
Lançamento: Março/2014 (América do Sul)

Don't Stop
Tipo: EP
Gravadora: Capitol Records – Hi or Hey Records
Lançamento: Junho/2014

5 Seconds of Summer
Tipo: Álbum
Gravadora: Capitol Records – Hi or Hey Records
Lançamento: Junho/2014

VÍDEOS

CRONOLOGIA
(Ou: a ordem dos fatores altera, sim, o produto)

- **Fevereiro de 2011**
Luke posta seu primeiro vídeo no YouTube. Um cover da música de Mike Posner "Please Don't Go".

- **Dezembro de 2011**
O 5SOS divulga seu primeiro cover no YouTube como uma banda. A música eleita foi "Teenage Dirthbag", do Wheatus.

- **Maio de 2012**
A banda posta sua primeira música original no YouTube, "Gotta Get Out", na versão acústica.

- **Outubro de 2012**
O 5SOS lança seu primeiro clipe oficial no YouTube para "Out Of My Limit", que foi o single de seu primeiro EP.

- **Fevereiro de 2014**
O 5SOS posta o vídeo oficial de "She Looks So Perfect", que foi o primeiro single de seu álbum de estreia, acumulando mais de 53 milhões de visualizações até agora.

LISTA DE VÍDEOS

- "Gotta Get Out" (2012)
- "Out Of My Limit" (2012)
- "Heartbreak Girl" (2013)
- "Try Hard" (2013)
- "Wherever You Are" (2013)
- "She Looks So Perfect" (2014)
- "Don't Stop" (2014)

SOBRE AS MÚSICAS

(A parte de que mais gostamos. Depois deles, é claro!)

Tirando ser jogado na categoria pop, o 5SOS não se envergonha de escrever letras como: "She's got a naughty tattoo in a place that I wanna get to" [Ela tem uma tatuagem safada num lugar que eu quero visitar], no primeiro verso de "18".

Músicas como "Everything I Didn't Say", versos do tipo "I wish that I could've made you stay / And I'm the only one to blame" [Eu queria poder ter feito você ficar / Eu sou o único culpado], fazem meninas novas por todo o mundo suspirarem de paixão.

Também na música "Beside You", cantando "She sleeps alone / My heart wants to come home" [Ela dorme sozinha / Meu coração quer ir pra casa], difícil é encontrar quem não se apaixone por eles.

Amnesia

Músicas sobre dor de cotovelo como "Amnesia" geralmente rendem. Entram melódicas e nos fazem relembrar de cenas da vida que gostaríamos de esquecer, ou nos lembrar com nostalgia.

Quantas vezes você já ouviu algo parecido no cenário musical? Mas o mais improvável é que um clipe sobre tal música possa atingir um milhão de visualizações em apenas 24 horas. E em menos de uma semana chegue a quatro milhões de *views*.

A letra conta sobre um amor que não deu certo, e depois que ela se foi, e construiu uma vida feliz, ele se derrete lembrando de tudo que fizeram quando estavam juntos. Se é difícil esquecer, o melhor é acordar com amnésia ("I wish that I could wake up with amnesia").

O remédio para essa dor de cabeça que não passa parece ter sido o antídoto que muitos adolescentes pelo mundo todo gostariam para esquecerem amores perdidos com o tempo.

Nada é mais difícil que perder alguém de quem se gosta. Pior ainda quando esse alguém encontra algo que o satisfaz na vida, deixando marcas de amargura.

Por mais amargura que a letra possa transparecer, o clipe não tem muito de melancólico. A releitura de cenas lembradas por eles se sobrepõe aos momentos de deprê. Por isso, acaba comovendo e acertando em cheio aos fãs da banda.

A música do grupo australiano foi escrita em conjunto. Calum trouxe a inspiração e os veteranos Benji e Joel Madden, do Good Charlotte, coescreveram-na e mostraram o lado mais sóbrio e vulnerável da banda.

Pelo jeito, acertou em cheio o coração de quem estava ávido por uma receita para esquecer um grande amor.

O que poucos sabem é que "Amnesia" é a única música no álbum que o 5SOS não teve que escrever, mas Ashton diz que ela foi dada ao grupo especialmente pelos irmãos Joel e Benji.

"Nós somos realmente bons amigos dos irmãos Madden – eles têm uma influência grande na nossa música e tudo mais" revela o baterista do 5SOS. "Nós escrevemos muitas músicas com esses caras, e eles disseram: 'Nós temos essa música acústica guardada. Não é uma música para o Good Charlotte e nem para os irmãos Madden, e é muito especial para nós; esperávamos encontrar as pessoas certas para cantá-la'. Então, nós a ouvimos. Não nos veio à mente na primeira vez, mas então nós ouvimos de novo e pensamos que era uma música linda. Então, dissemos para eles, 'Olha, seria uma coisa incrível tocar essa música', e aí fizemos, e é uma música muito especial para nós. É como se não tivesse mais nada ali".

Além do clipe oficial do single *Amnesia*, o vídeo das letras provou ser tão popular quanto. Uma das coisas que eles realmente gostam de fazer é vídeos de bastidores dos clipes.

No vídeo, Michael coloca a vida de Ashton em perigo rodando rápido com ele dentro de um carrinho de supermercado, enquanto Calum mostra um certo desdém em relação ao garoto de cabelo verde, acusando-o de roubar sua cena, e depois de roubar seus palitos de queijo.

O diretor do vídeo, Isaac Rentz, explica que para tudo há um conceito. "Queria mostrar cenas de quem a banda era antes de atingir o sucesso global. Mostrar quando eles eram só uma banda de garagem, curtindo com os amigos, captar esse tipo de vibração", diz.

She Looks So Perfect

Alguns dizem que a fórmula para o clipe da música "She Looks So Perfect" atingir o número de 70 milhões de visualizações no YouTube foi colocar uma porção de gente – de todos os pesos e idades – tirando a roupa e ficando de calcinha e sutiã.

Sabe-se que muitas vezes para um vídeo viralizar, basta uma sacudida nos ânimos e pronto – torna-se um sucesso.

No caso dessa música em especial, o clipe apenas apimentou algo que já estava predestinado ao sucesso. Era uma música que falava de amor de uma forma tão eloquente que talvez o clipe mais banal teria tido o mesmo efeito. Ou não.

A verdade é que em "She Looks So Perfect" mistura-se de tudo um pouco. Fala-se sobre uma ditadura que impede que os jovens sonhem demais com coisas que não têm. E pede que todos olhem ao redor – na verdade, já lutou-se demais para desistir justo naquele momento.

Pode parecer clichê, mas se encaixa perfeitamente com o que todo mundo gostaria de ouvir.

Numa época em que muitos trabalham por dinheiro e são esmagados por pressões sociais, é raro alguém dizer que pode-se sonhar independente da idade. E realizar a qualquer momento.

E aí chega o amor. Daqueles arrebatadores. E o amor clama por liberdade. Pede que saiam dali e deixem "aquela cidade morta que só os deixa para baixo" ("Cuz it's deadbeat town's only here just to keep us down").

A pergunta do amante é tudo o que uma mulher gostaria de ouvir: "E se eu aparecesse com uma passagem de avião... E um anel de

iHeartRA
MUSIC FEST
VILLA

diamante com o seu nome... Você fugiria comigo? Pois tudo o que eu quero é você".

A proposta é irrecusável.

No clipe, aparentemente todos aceitam deixar de lado suas vidas modorrentas e se entregam à liberdade – de uma paixão, ou de uma simples aventura que dure *cinco segundos de verão*.

Don't Stop

Se a batida de "Don't Stop" já tinha tudo para causar furor entre as fãs, o videoclipe coroou o sucesso da banda australiana.

Os meninos acertaram em cheio ao misturar elementos cômicos com a música. Vestidos de super-heróis, eles tentam atuar em algumas situações, como fazem dos gibis, mas acabam se decepcionando. Enquanto um tenta fazer grandões pararem de pixar um muro, outro quer ajudar a velhinha a atravessar a rua. Ambos acabam apanhando, mas com bom humor.

Bem roteirizado, bem estruturado e contando com a veia humorística e de atuação dos meninos, o clipe logo que foi lançado se tornou sucesso mundial. Para aproveitar a onda, eles deram entrevistas vestidos de super-heróis e publicaram em seu canal, com o título "The Lost Tapes". Ali, quem é fã dos garotos realmente fica apaixonada. Eles usam uma boa dose de irreverência para interpretar os heróis, modificando vozes e criando situações fictícias.

Mais uma vez fica evidente como o jeito dos meninos de levar tudo na brincadeira é algo que não só agrada, como conquista o mundo todo.

No dia de gravação do clipe, Ashton tuitou uma foto dos caras, passeando pelas ruas em seu "5SOSmóvel" juntamente com a seguinte legenda: "Você deve achar que nós somos malucos, estranhos e uns grandes bobalhões... mas, puff, somos super-heróis!".

Naquele dia, propositalmente ou não, eles estavam sem camisa – e não usavam os trajes completos. Mas não dispensaram as máscaras!

Na entrevista fictícia postada no YouTube como super-heróis, Luke admitiu que o que as mulheres mais gostavam neles eram suas pernas. Como super-herói ou com suas calças skinny, a verdade é que as fãs adoram as roupas coladinhas que a banda costuma usar.

Heartbreak Girl

Que mulher de coração partido não gostaria de ter um homem pronto para consolá-la? Em "Heartbreak Girl", os meninos abusam do charme para dizer a uma amiga que ela pode, além de confiar, deixar que curem seu coração. A música emplacou nas paradas de sucesso e no Brasil é a terceira preferida e mais acessada pelo público.

Não é de hoje que mulheres de coração partido consolam-se no ombro de amigos. E a história sempre se repete. A amizade ganha outra tonalidade, e quando notam, estão apaixonados.

No mundo todo, quando a música foi lançada, uma curiosidade veio à tona: as meninas perguntavam se existiria realmente alguma garota de coração partido que tenha partido o coração dos meninos da banda... E todas apostam que Calum tenha sido o afetado – pois ele diz ter tido inspirações na própria história de vida para compor essa música. Portanto, as meninas imaginam que a história tenha acontecido com o músico. E estão loucas para consolar o galã.

Beside You

Em "Beside You", a batida da música lembra uma balada romântica. Daquelas músicas que ouvimos num fim de tarde no carro quando estamos voltando pra casa, ou num domingo à noite, quando bate aquela saudade de quem não está por perto.

Estar por perto é a palavra-chave da música. Muitos acreditam que fala-se de um amor que vive longe. Ou de um amor que ficou. "Meu coração quer voltar para casa" seria a prova de que um dos meninos, em turnê, compôs a música, com saudades de alguém que ficou em sua terra natal. Embora eles não declarem, algumas fontes confessam que trata-se de Michael. Fica a dúvida.

Try Hard

A letra fala sobre uma menina que está abandonando a escola porque não precisa de notas. E o clipe, um dos mais vistos pelas fãs, é despretensioso e engraçado. Como os meninos da banda. Reflete o espírito do 5SOS como nunca.

Apesar de versos como "I get dressed up when I go out but she gets dressed down" [Eu me visto bem quando vou sair, mas ela nem se produz], a música explora um cara em busca de si mesmo e de uma identidade.

A moça em questão já tem a identidade que ele tanto quer. E muita personalidade. Enquanto ele faz de tudo para seguir seus passos e ser notado. Rasga o jeans, fura o lábio, mas se sente um idiota, porque não consegue mostrar quem é.

Mas diz que se esforça. E reconhece que esse esforço não é tão grande assim.

Porque se esforça sentadinho em seu sofá, dentro de casa.

11
TURNÊS, PRÊMIOS E SUCESSO

TURNÊS

Solo:

- *Twenty Twelve Tour* (Austrália, 2012)
- *Pants Down Tour* (Austrália, 2013)
- *UK Tour* (Reino Unido, 2014)
- *5 Countries, 5 Days* (Europa, 2014)
- *Stars, Stripes and Maple Syrup Tour* (América do Norte, 2014)
- *There's No Place Like Home Tour* (Austrália, 2014)

Show de abertura:

- *Whatever World Tour* (Hot Chelle Rae, 2012)
- *Take Me Home Tour* (One Direction, 2013)
- *Where We Are Tour* (One Direction, 2014)

PRÊMIOS

- Artista Australiano do Ano (Channel V, 2013)
- Artista Revelação do Ano (MTV Buzzworthy, 2013)
- Melhor Artista Estreante Internacional (*Kerrang! Magazine*, 2014)
- Grupo Revelação (Teen Choice Awards, 2014)
- Melhor Banda do Verão (Teen Choice Awards, 2014)
- Best Lyric Video (VMA, 2014)

BILLBOARD

Quando os meninos conquistaram a América? O álbum de estreia homônimo dos caras alcançou a primeira posição da Billboard 200 após vender 259 mil cópias. Mas não foi fácil.

A trilha sonora de *Frozen: uma aventura congelante* estava há 31 semanas consecutivas no top 5. Isso porque a música faz parte de um filme da Disney, que é visto pelo mundo todo. Destronar aquela música não foi algo tão simples quanto pareceu.

Estrearam em primeiro lugar, como ícones.

Confira abaixo a lista dos dez mais vendidos de acordo com a *Billboard*, na semana em que entraram em primeiro lugar.

#10 *X* – Ed Sheeran (Semanas: 5 / Última semana: 7ª posição / Pico: 1ª posição)

#9 *YES!* – Jason Mraz (Semanas: 2 / Última semana: 2ª posição / Pico: 2ª posição)

#8 *NOW 50: That's What I Call Music* – vários artistas (Semanas: 12 / Última semana: 8ª posição / Pico: 1ª posição)

#7 *The Resistance* – Crown the Empire (Estreia)

#6 *Nobody's Smiling* – Common (Estreia)

#5 *Kidz Bop 26* – Kidz Bop Kids (Semanas: 2 / Última semana: 4ª posição / Pico: 4ª posição)

#4 *In the Lonely Hour* – Sam Smith (Semanas: 6 / Última semana: 6ª posição / Pico: 2ª posição)

#3 *Mandatory Fun* – Weird "Al" Yankovic (Semanas: 2 / Última semana: 1ª posição / Pico: 1ª posição)

#2 *Frozen: uma aventura congelante* – trilha sonora (Semanas: 35 / Última semana: 5ª posição / Pico: 1ª posição)

#1 *5 Seconds of Summer* – 5 Seconds of Summer (Estreia)

Muito antes de serem capa da *Billboard* ou virarem referência internacional, os meninos se apresentaram numa premiação americana cujos shows da noite eram de Miley Cyrus, Imagine Dragons, Jason

Derulo, Ariana Grande e Iggy Azalea. Além deles, estiveram cara a cara com o holograma de Michael Jackson.

Como quem conquista os Estados Unidos está bem perto do sucesso mundial, eles já pressentiam que estavam próximos da glória.

No tapete vermelho foram muito bem aceitos pela imprensa e minuciosamente analisados por quem entendia de moda. "Eles pareceram totalmente casuais em frente às câmeras", diziam os repórteres que os entrevistavam.

O que corria à boca pequena era que eles tinham mesclado muito bem o estilo roqueiro, combinando, mas não demais, camisetas com camisas de flanela e jeans justinho. "Estavam prontos para arrasar", era o veredicto dos sites de notícia que passaram a acompanhar os passos dos rapazes depois de perceberem que, além de lindos, eles tinham talento. Muito talento e charme pra dar e vender.

CABELOS, APARÊNCIA E MODÁ

Não é de hoje que astros do rock, boy bands e celebridades em geral atraem atenção das fãs por figurino e cabelos. Muitas, inclusive, passam a gostar da música depois que dão uma rápida olhada no visual dos rapazes e ficam absolutamente encantadas (para não dizer apaixonadas e enlouquecidas).

Mas aparentemente Ashton ainda não entendeu esse frenesi sobre sua aparência. E não entendeu também que quando se é uma pessoa pública, o fato de sair de casa, com ou sem óculos escuros, calça bege ou jeans, cabelo prum lado ou pro outro, é sim um fator determinante para que as fãs façam não só julgamentos, como conclusões e constatações.

Fãs acabam colecionando absolutamente tudo – e consumindo também – a respeito de seus ídolos. E acabam brigando entre si também – quando discordam de algo, seja o que for.

Certa vez, no Twitter, o baterista do 5SOS acabou tendo uma briga feia com fãs depois de discordar de uma troca de farpas daquelas.

O baterista ficou "pê" da vida porque as meninas começaram uma briga sobre a banda na rede social e pediu que levassem o assunto menos a sério quando as coisas ficassem mais quentes.

"Sigam seus caminhos e coloquem as brigas e desentendimentos para trás", disse. "Eu e os meninos amamos uns aos outros e somos irmãos. Vocês deveriam amar umas às outras e não se odiar. Isso é uma merda." A lição repercutiu como uma bomba nas redes sociais.

Algumas ficaram chocadas com a sinceridade do cantor e passaram a admirá-lo ainda mais. Outras, aprenderam e replicaram a mensagem. Naquele dia, a briga toda acabou.

Mas ele continuou colocando para fora tudo que o incomodava. Sua maior reclamação era que tudo o que as pessoas faziam era discutir suas aparências, roupas e físicos. E o que ele queria era que falassem da música.

Num desabafo efusivo, ele continuou, "Queríamos que vocês contassem o que tinham achado da nossa apresentação no *Good Morning America*. Nosso primeiro álbum nas listas e nosso novo single.

Mas tudo o que vocês querem falar é sobre nosso cabelo e sobre o bronze do Michael. Tudo o que li hoje não tinha nada a ver com a nossa música. Nada. E tudo o que eu sempre vejo é triste".

Independente de como seria vista aquela mensagem, ele deu seu recado, e o desabafo cumpriu seu papel.

Depois disso (alguns dizem que para consertar as coisas e deixar uma impressão mais suave), Calum foi ao Twitter publicar um post em que dizia: "Tão comovido pela quantidade de pessoas que vieram esta manhã nos assistir. Nunca vou poder agradecer o suficiente. A gente ama vocês".

COISAS QUE ELAS AMAM NO 5SOS

Sim, nós gostamos da música deles. Eles conseguem fazer todo mundo dançar, sacudir, suspirar. E deram um pito em quem queria falar sobre a aparência deles.

Mas, já falamos bastante da música, de turnês e de como começaram. Podemos ter nosso momento?

Vamos falar sobre o que todas as meninas amam – ou amaram – no 5SOS.

Os óculos do Ash

Ele só usou durante a turnê britânica *Take Me Home Tour*. Mas as fãs dizem que ficou com um ar adorável de aparência mais sofisticada e sexy. Quem não se apaixonou?

Só que Ash perdeu os tais óculos na Escócia há mais de um ano. Desde então, fãs do mundo todo fazem campanhas nas redes sociais para que ele volte a usar óculos.

Moicano do Calum

No Top 3 das coisas de que elas mais gostam está o moicano de Calum. Teve curta duração. Muita gente definitivamente não curtiu. Mas ficou na memória de muitas e, tingido de vermelho ou na cor natural, ele é um verdadeiro sucesso. E foi copiado, virando tendência entre adolescentes de todas as idades.

As caixas de som cor-de-rosa de Luke

Elas são caixas de som comuns, mas todo mortal que acompanhou os covers que Luke fazia desde o início da carreira se lembra delas. Ali, imóveis, elas atraíam a atenção de quem divagava com o som dos meninos. As fãs da banda dizem que é uma relíquia. Um dos objetos mais importantes e folclóricos da banda. E Luke sabe disso. Tanto que recentemente tuitou uma foto com elas, causando histeria e deixando-as com saudades do velho Luke aos 15 anos tocando violão com as caixas de som cor-de-rosa ao fundo.

Jeans skinny

Não dá pra negar a paixão que a banda tem por suas calças jeans skinny. São jeans apertados que dizem muito sobre o estilo dos garotos. E as mulheres adoram. Combinadas sempre com a camiseta de uma banda, uma guitarra e uma pitada punk.

Camisetas de banda

Marca registrada deles. Com camisetas de nomes de bandas eles deixam claro de quem são fãs, quem homenageiam e quem se tornou referência musical da banda. De várias cores e cheias de estilo, elas ganharam as vitrines das lojas depois que os rapazes começaram a utilizá-las em shows e entrevistas. São objeto de desejo de fãs do mundo todo. "Eles ficam bem com elas, mas ficam muito melhor quando resolvem tirá-las no show", conta Melanie, que ficou absolutamente encantada quando conheceu seus artistas favoritos na turnê do 1D. "O 5SOS tem atitude. E aquelas camisetas dão a eles um ar despojado. Como se dissessem 'sem ela sou melhor ainda'." Achamos que Melanie definitivamente resumiu o espírito da coisa.

Camisa xadrez

Pode parecer um look básico e despretensioso, mas é exatamente disso que eles precisam: algo que dê conforto para que subam ao palco e façam o melhor. Luke, o maior adepto das camisas de estampas xadrez, geralmente usa as de mangas compridas e por cima das camisetas. Já Michael gosta de camisas sem mangas, fechadas, para que consiga ter mais movimentos. Personalidade é o que não lhes falta.

Jaquetas de couro

Se o frio mostrar a cara, lá estão eles com o mesmo look, porém com a tal jaqueta de couro por cima. Em modelos modernos, com cortes diferenciados, elas conferem charme ao grupo, e deixam os meninos com um ar mais sedutor.

Botas ou tênis de cano longo

Dão o toque final ao figurino do 5SOS. Inquestionável. Combinam com as calças justas no corpo e parecem deixá-los à vontade.

O cabelo de Michael

Eu só estava procurando cores que não tinha usado ainda, só estou indo pela roda cromática e checando o que eu eu ainda não usei. Agora terei que começar a usar padrões.

Michael

Existem muitas versões para explicar o porquê de Michael gostar tanto de pintar seu cabelo. Pesquisamos absolutamente todas, mas vamos publicar aqui a mais irreverente. Assim como eles.

Claro que trata-se de uma história de ficção. O texto foi publicado no site SugarScape e rodou o mundo através das fãs do grupo.

"*COMO MUITOS FAMOSOS,* há partes da vida de Michael Clifford que, até este momento, foram guardadas a sete chaves. Mas hoje as coisas vão mudar para sempre já que trazemos para vocês uma história comovente e um pouco sórdida que vai, provavelmente, chocá-los.

Ele pode ser um integrante do 5SOS, mas nem sempre foi assim. Na verdade, Michael não nasceu com uma guitarra na mão. Ele não nasceu nem humano.

Sim, o franjástico do 5SOS mais comumente conhecido como Mikey é na verdade... parte unicórnio. Por mais chocante que vocês possam achar isso, é algo que estamos preparados para explicar nesta exposição, um documento confidencial que levou muitos anos minutos valiosos de pesquisa. Pesquisa que ilustra a viagem complexa e emocional que um jovem unicórnio tem feito para ser aceito no mundo do punk rock. Preparem-se para os Cinquenta Tons do Cabelo de Michael Clifford.

Vocês seriam perdoados se presumissem que a guru dos cabelos e adorável Lou Teasdale seria a razão por Michael estar orgulhoso de seu cabelo arco-íris solto ao vento, mas também estariam errados. Não, na verdade tudo isso começou na infância.

Quando pequeno, o cabelo de Michael era o mesmo de qualquer outro garoto. Com isso, queremos dizer que tinha uma coloração castanha e propensa a clarear de tempos em tempos.

Mas Mikey sempre se sentiu diferente e um dia acordou e notou uma pequena protuberância saindo de sua testa. Um galo que parecia estranhamente como um chifre. Ele correu para o hospital, e o médico deu uma notícia chocante para os pais: Michael tinha uma condição rara e mágica que significava que estava se tornando lentamente um unicórnio.

Eles tinham apenas uma escolha. Serrar seu chifre e deixá-lo continuar ser um menino ou deixá-lo crescer e aceitá-lo como o animal mítico que estava se tornando. Eles escolheram unicórnio.

Por um tempo, as coisas não mudaram. Bem, Michael criou cascos em vez de pés, e era conhecido por relinchar se não tivesse Shreddies em seu café da manhã, mas não fazia cocô de moedas de chocolate sobre o tapete, então seus pais até que se sentiram felizardos com toda essa situação.

Quando Mikey tinha 13 anos, seu chifre começou a crescer de novo e logo virou o melhor chifre em toda a região. Enquanto algumas crianças poderiam ter se sentindo constrangidas, Michael exibia seu chifre com orgulho, usando-o para alcançar coisas nas prateleiras altas e às vezes até deixando as meninas bonitas colocar presilhas brilhantes nele.

Até que um dia algo terrível aconteceu. Depois de ter visto um arco-íris particularmente impressionante, Michael correu para ver se conseguia encontrar no fim dele o pote de ouro, para gastá-lo em uma guitarra reluzente que ele tinha visto, e foi em frente.

Tropeçando em uma pedra errante, o desastre aconteceu e seu chifre se quebrou. Mas quando Michael achou que estava tudo acabado e que estava destinado a viver a vida como um menino simples e chato, algo completamente mágico aconteceu.

Ele ouviu um som distante – o som de Luke Hemmings e Calum Hood tocando Green Day (Ashton era apenas uma centelha em seus olhos neste momento) e o som era tão cheio de *groove* que, apesar de ter perdido seu chifre, o cabelo de Michael começou magicamente a mudar de cor. Como uma espécie de anel do humor, só que peludo.

E o resto é história. Do verde ao azul, do rosa ao roxo, a cor na verdade apenas reflete como ele está se sentindo em qualquer dia. Ele poderia fazer uma estampa de leopardo simplesmente apertando as bochechas, mas isso é outra história, para uma outra hora.

Vocês vão notar que ele sempre está de franja – para lembrá-los do chifre perdido há muito tempo."

Sobre as cuecas
(Um capítulo à parte na música)

Uma curiosidade: na música "She Looks So Perfect", a banda cita a linha de roupas de baixo American Apparel. E isso acabou despertando o interesse de muitos a respeito de um possível patrocínio da marca à banda.

Mas Calum adiantou que não teve cueca grátis.

"O que é triste, porque nós estamos saindo em turnê", acrescentou. E até a marca acabou se pronunciando sobre a citação na música: "Nós ficamos honrados sempre que somos mencionados em músicas ou na arte de alguém – especialmente em um grande hino de verão como esse", disse um representante da American Apparel. "Naturalmente também achamos que as mulheres ficam lindas em nossas cuecas", revelou o porta-voz da marca.

Para os meninos foi algo natural: "Nós só falamos. Não pensamos muito, só surgimos com isso. É bem legal como rolou. Era estranho que tinha a marca no refrão. Legal".

Sobre o processo de criação da letra, Michael confessa, "Não tenho certeza. Nós estávamos escrevendo, foi bem estranho. O homem com quem escrevemos, Jake Sinclair, veio com a ideia daquele gancho no refrão. Meio que aconteceu. Nós não estávamos esperando nada. Nós só estávamos escrevendo canções, e acabou sendo o que foi. Nós apenas fomos em frente. Acabou ficando uma música bem legal, no final".

Para Jake Sinclair, que inspirou a música, a história é bem longa. Ele conta que estava na fila em sua loja local da American Apparel, esperando para comprar roupas íntimas, quando a inspiração bateu. "Eu apenas pensei, 'Oh, seria legal se a minha namorada usasse estes'", diz Sinclair, reconhecendo que os anúncios na loja que caracterizam mulheres ostentando os shorts pode ter tido o efeito desejado. "O cérebro", acrescenta Sinclair, "é um lugar estranho."

Em casa, ajudou a compor a letra que impulsionou a venda das cuecas. "Eu não tenho ideia se é atribuído ao 5SOS, mas houve um crescimento de 10% nos EUA nas vendas de roupas íntimas masculinas, em relação ao aumento sazonal típico que vemos nesse estilo na primavera", escreveu o porta-voz da American Apparel, Iris Alonzo em um email. "Muito interessante!"

De acordo com uma pesquisa do grupo de gestores da marca, o público que passou a adquirir as cuecas mudou. "São do tipo mais jovens, que ouviria músicas juvenis como essa, que não estavam muito familiarizados com a nossa marca antes", diz Âmbar Joyner, um merchandiser, descrevendo o novo público que a loja tem recebido.

Para compor o clipe, a empresa doou quarenta pares de cuecas. No vídeo, pessoas jovens e velhas arrancam suas roupas e as peças saem voando. O diretor Frank Borin diz que queria ter usado exclusivamente American Apparel, mas foi impedido pelo físico dos atores e pelos padrões da MTV. "Em algumas pessoas, era muito pequeno", diz ele. "American Apparel não é para qualquer tipo de corpo."

13

AS MÃES DAS FÃS
(AFINAL, ELAS GOSTAM OU NÃO DAS EXCENTRICIDADES DOS RAPAZES?)

Com o impacto que os meninos causam nas fãs, não é de se estranhar que muitas mães fiquem de cabelo em pé, afinal, não estamos falando só de música. Tem hormônio, e muito, envolvido nessa história.

Com as consecutivas fotos dos meninos sem roupa e com as declarações meio abusadas dos rapazes quase despretensiosos, seria normal achar que as mães das fãs não aprovariam a admiração pelos músicos, certo? Errado. Assim como sogras que apoiam namoros, elas estão por toda a parte, não só acompanhando as meninas nos shows, como fazendo pedidos inusitados para os rapazes.

"Surpreendentemente, os pedidos mais incomuns não vêm das nossas fãs, mas sim de suas mães", declarou certa vez Luke.

Então, vamos acalmar os ânimos e entender essa história todinha do começo ao fim.

E, acredite, tem coisa mais quente do que você pode imaginar!

"Nós autografamos peitos", revelou Ashton durante uma prévia do especial do *60 Minutes* antes de acrescentar, "Às vezes, os peitos das mães."

Em tom de brincadeira, ou em palavras verdadeiras, eles dizem que não podem reclamar e explodem em risadas.

De qualquer forma, as mães dos próprios garotos estão sempre por perto, e até se juntaram a eles em sua recente turnê em Londres. Sua visita também foi flagrada pela câmera do Channel Nine. Foi ali que as mães foram perguntadas sobre sua experiência em relação ao sucesso dos meninos.

"Nós somos superfãs", disse Liz, vestida dos pés à cabeça para acompanhar Luke, seu filho prodígio, em mais um show.

14

5SOS E OS FAMOSOS

> *Ainda tem vezes que eu paro e penso: "isso é real?"*
>
> *Michael*

Sophie Turner e Maisie Williams de *Game of Thrones* são como adolescentes normais, exceto pelo fato de que estão em uma das maiores séries da história da HBO. Mas pode-se dizer que essas garotas são fanáticas pelo 5SOS!

Sophie compartilhou um vídeo das duas cantando "Don't Stop" e disse: "Talvez nós devêssemos parar, @maisie_williams".

Questionados sobre isso, eles exclamam, "É estranho, sei lá, é esquisito. Nós ainda não entendemos, realmente não assimilamos que as pessoas gostam da nossa banda. Você nunca se acostuma com isso".

KENDALL JENNER
(Ou: como uma mulher pode ficar entre dois astros)

Tem gente que consegue sempre se manter no centro das atenções quando se trata de ficar com cantores.

Kendall Jenner parece ser uma dessas mulheres.

Em sua lista de conquistas estão Harry Styles e Justin Bieber. Mas, desta vez, ela parece estar flertando com um dos meninos do 5SOS.

Num final de semana tinha sido vista em Ibiza com Justin Bieber, mas logo na semana seguinte foi flagrada em um táxi junto com Ashton. A foto foi tirada por uma fã da banda que viu os dois entrando no táxi.

Se essa não fosse a única evidência, vá lá, mas uma amiga de Kendall, Nicole Kahlani, postou em seu Instagram uma foto da Kendall junto com Ashton e Calum. Provavelmente os rumores de um novo casal estejam só começando.

A gata causou um furor entre os fãs no Twitter, e tudo ficou ainda mais nebuloso porque Ashton e seus parceiros de banda tinham acabado de apoiar o ex de Kendall, Harry Styles, e sua banda, One Direction, no show da turnê *Where We Are* no estádio MetLife em New Jersey – e isso tinha acontecido algumas horas antes de a foto ser tirada.

Os fãs de ambas as bandas se pronunciaram efusivamente sobre tal evento. Não havia nada mais importante a falar do que a vida sexual dos rapazes, naquela noite.

Os grandes vencedores da Austrália foram os adolescentes do 5 Seconds of Summer. A banda recebeu mais de 78 milhões de votos nas redes sociais e #congrats5sos foi um dos assuntos mais comentados durante a transmissão do prêmio.

Sunshine Coast Daily

As manchetes nos sites de notícias não conseguiam mentir. A banda 5SOS disparou em votos para a premiação do VMA. E o dia foi de glória.

Os garotos, que trocaram as camisetas de banda por blazers de milhares de dólares (Ashton vestia um lindo Vivienne Westwood de 1500 dólares e que virou ícone na rede!), usaram e abusaram do estilo próprio e único para fazer graça. Quando questionados pela repórter, em pleno tapete vermelho, sobre o que estavam usando, Ashton não pestanejou em responder ao vivo "roupas".

Embora brinquem com o fato, capricharam nos detalhes. Michael usou um xadrez de Christian Benner e Luke, uma jaqueta Topman. Calum foi com uma roupa de Glamour Kills. Mas todos foram sucesso de crítica.

E foi no próprio tapete vermelho que descobriram que haviam ganhado Best Lyric Video, o primeiro prêmio do VMA da carreira dos meninos, entregue pela atriz Lucy Hale. Enquanto agradeciam, Michael admitiu estar bem nervoso e até tremendo, porém disse que estavam ansiosos para a performance que fariam durante a premiação.

Na hora da apresentação, para emanar uma vibração contagiante, voltariam ao bom e velho figurino de sempre. Mas, antes disso, nos bastidores, além de distribuir simpatia e bom humor, deram entrevistas que mostraram que entendem de diversos assuntos além da música.

Por exemplo, lidar com cobras. Esse era o tema do vídeo feito pela equipe do VMA. As dicas de Luke sobre como segurar uma cobra viraram meme na internet. Confira a seguir:

- Não seja mordido (a dica foi ser precavido, especialmente se você está dançando em um palco, como Nicki Minaj, que foi mordida nos ensaios na sexta-feira);
- Não lamba a cobra (Michael fez esta observação para lançar alguma indireta a alguém?);
- A cobra teme você. O conselho foi de Luke, e Calum o interrompeu, lembrando sabiamente: "E quando a cobra começa a te perseguir?" Bom, nesse caso, concordamos que devemos temê-la, não?

Depois de tudo, eles postaram no Twitter agradecendo aos fãs pelos votos. Luke postou: "Obrigado a todos, amo vocês". Já Calum disse: "Vocês ganharam o Best Lyric Video do VMA para a gente! Obrigado, obrigado, obrigado!". Michael postou dois tuítes, um antes e um depois da premiação: "Não acredito que a gente acabou de ganhar um VMA... tudo isso é graças a vocês, galera. Melhores fãs DE TODOSSSSSSS. Eu amo vocês" e "Obrigado, galera :)", respectivamente. E Ashton não ficou de fora: "GALERA, VOCÊS CONSEGUIRAM! Vocês votaram tanto pro 5SOS, muito amor para cada um de vocês <3".

Logo após o tapete vermelho, Ashton compartilhou com seus seguidores que estava animado para tocar, ainda mais por ser uma música tão especial para eles. "Tão animado para tocar, essa é uma música realmente muito especial para nós, vamos arrasar #VMAs", postou.

E quem diria que seriam comparados a Green Day e Blink-182 antes de entrarem no palco? O ator Dylan O'Brien e a atriz Chloë Moretz subiram ao palco falando que a performance que viria a seguir lembraria os anos 90 e as bandas Green Day e Blink-182. Eles tocaram "Amnesia".

Mas nem tudo deu certo aquela noite. Os meninos não ganharam na categoria Artist to Watch. As grandes vencedoras foram as meninas da banda Fifth Harmony.

O galã da turma não poderia deixar de ser cordial com elas, claro. Pelo Twitter, Luke mandou parabéns para a girl band: "Parabéns para a @FifthHarmony pelo prêmio Artist to Watch também! Acontece, né?".

Mas com seu vídeo temático de super-herói, "Don't Stop", o prêmio da categoria Best Lyric Video estava garantido. E eles ainda surpreenderam a plateia, pois foram os primeiros a tocarem os instrumentos por si próprios durante uma apresentação no VMA, desde que seus ídolos, o Green Day, fizeram o mesmo em 2012.

Dê uma olhada em alguns dos vencedores do VMA:,

- **Video of the Year:** Miley Cyrus, "Wrecking Ball".
- **Best Hip-Hop:** Drake ft. Majid Jordan, "Hold On (We're Going Home)".
- **Best Male:** Ed Sheeran, "Sing".
- **Best Female:** Katy Perry ft. Juicy J, "Dark Horse".
- **Best Pop:** Ariana Grande ft. Iggy Azalea, "Problem".
- **Best Rock:** Lorde, "Royals".
- **MTV Artist to Watch:** Fifth Harmony, "Miss Movin On".
- **Best Collaboration:** Beyoncé ft. Jay Z, "Drunk In Love".
- **MTV Clubland Award:** Zedd ft. Hayley Williams, "Stay the Night".
- **Best Video With a Social Message:** Beyoncé, "Pretty Hurts".
- **Best Cinematography:** Beyoncé, "Pretty Hurts".
- **Best Editing:** Eminem, "Rap God".
- **Best Choreography:** Sia, "Chandelier".
- **Best Direction:** DJ Snake & Lil Jon, "Turn Down for What".
- **Best Art Direction:** Arcade Fire, "Reflektor".
- **Best Visual Effects:** OK Go, "The Writing's On the Wall".
- **Best Lyric Video:** 5 Seconds of Summer, "Don't Stop".

Ah, vale lembrar que ganharam de "Really Don't Care", da Demi Lovato, mas ela não parecia muito triste e foi rápida em parabenizar os meninos por serem incríveis, dizendo: "#congrats5sos... Essa foi apertada! Parabéns à base de fãs do 5sos! E EU AMO MEUS LOVATICS".

OUTROS DETALHES SOBRE O VMA

A primeira vez que Calum assistiu ao VMA foi em 2002, "quando o Foo Fighters tocou 'All My Life'". O momento preferido dele aconteceu em 2009, cortesia da performance elétrica do Green Day de "East Jesus Nowhere".

Dos artistas indicados, os garotos gostariam de ver Usher ir pra casa com o prêmio de Melhor Coreografia por "Good Kisser" e Pharrel Williams ganhando Melhor Vídeo do Ano com "Happy". Eles também estavam animados para ver o Maroon 5 tocar e esperam conhecer a mãe de Usher, Jonetta Patton.

Na frente com oito indicações, Beyoncé tem, claro, uma legião de fãs apoiando-a, incluindo os garotos do 5SOS. A música preferida deles da Bey? "'Irreplaceable', de longe" disse Calum.

16
AS MANIAS DOS GAROTOS

Já descrevemos por aqui as extravagâncias dos meninos do 5SOS. Eles gostam de posar pelados para selfies de corpo inteiro (uma das fotos clássicas postadas no Instagram inclui Calum nu com um boné no membro sexual!), gostam de fazer brincadeiras inexplicáveis com as mãos para passar mensagens cifradas para as fãs (que acabam gerando milhões de comentários) e divulgar fotomontagens que ninguém consegue entender (exceto eles mesmos).

DERP CON: MAIS UMA BRINCADEIRA MALUCA DOS MENINOS

"Nós gostamos de fazer coisas legais com as quais as fãs possam estar envolvidas. Como banda, gostamos de organizar desafios e coisas para as fãs. É meio *old school* também, então é legal."

E quando você acha que eles esgotaram as cotas de brincadeiras inusitadas, eis que aparece mais uma loucura de vídeo que tira todo mundo do eixo. No vídeo, postado no final de agosto de 2014, Luke aparece acordando como se tivesse tido uma grande ideia. Imediatamente ele começa a ligar para os amigos, que, vestidos de super-heróis, atendem os telefones e concordam com a ideia mirabolante do mentor da turma.

Quando ele diz o nome da ideia, todos ficam surpresos. Chama-se "Derp Con".

A novidade, que veio como um presente para as fãs do mundo todo, será a primeira convenção da banda, que falará sobre bullying na internet e reunirá nada mais nada menos que uma fã escolhida de cada país participante.

No site oficial da conferência (que mais parece uma versão tosca de *Guerra nas estrelas*), as interessadas podem se inscrever e concorrer à viagem com passagem e hospedagem pagas.

Ali elas terão a oportunidade de conhecer seus ídolos – Luke, Calum, Michael e Ashton –, que estarão fantasiados de seus alter egos (é o que diz o site, veja bem...). O bacana é que as escolhidas podem levar acompanhantes e a conferência acontecerá em Los Angeles.

O texto do site, num letreiro que sobe, diz o seguinte: "Estamos muito animados em anunciar a convenção do 5SOS chamada DERP CON. A Derp Con 2014 levará pessoas de todas as partes do mundo para Los Angeles para brigar como ninjas. Nós faremos uma competição mundial para quem quiser entrar nesse time e sair conosco no The Forum para o nosso maior show da história".

O mais inusitado é que quem se inscreve deve ficar atento às pistas que chegarão via e-mail. E quem ganhar a competição vai participar representando o próprio país (não se sabe se o ganhador vai precisar estar vestido de super-herói para competir. Eis a questão!).

O pouco que já foi divulgado conta que serão lançadas promoções de que as fãs devem participar fazendo alguma tarefa criativa. Por enquanto, a do Brasil ainda não foi divulgada, nem como será feita a parceria para a promoção.

O Brasil é um dos quatro países que representam a América Latina na Derp Con. Além dele, Argentina, Colômbia e México estarão no evento. Apesar de o plano parecer coisa planejada de última hora, os meninos passaram meses tendo ideias de como seria feita a competição. O objetivo é movimentar as fãs do 5SOS no mundo todo.

PIORES XAVECOS

Aí você abre o YouTube e vê aqueles caras lindos, fazendo piadas entre si e superdescolados e fica imaginando que devem causar um efeito fantástico quando estão perto de uma garota (claro que os hormônios devem ferver, o coração deve bater mais forte, mas aí é assunto para outro livro que fale de como a paixão por ídolos deixa a respiração mais rápida e nos faz suspirar à toa).

No entanto, quando o assunto é xaveco, saiba que eles não são muito bons, não (será que é porque não precisam ou porque só a presença deles é capaz de tirar o nosso sono?). Em uma entrevista à MTV, Luke contou que seu xaveco favorito é perguntar a uma garota "Quanto pesa um urso polar?". Segundo ele, é tiro e queda, porque a menina geralmente não entende a pergunta, aí ele ri de si mesmo (deixando-a desconcertada, diga-se de passagem), e quebra o gelo para uma aproximação mais, digamos, coerente.

ICE BUCKET CHALLENGE

Depois de Niall Horan e Ashton aceitarem o desafio e ajudarem a repassar a corrente que tem como objetivos divulgar a campanha da ASL Association, alertando sobre a Esclerose Lateral Amiotrófica, e arrecadar doações, chegou a vez do 1D participar.

Josh, Sandy, Dan e Jon contaram com a ajuda do 5SOS para que os baldes de gelo fossem jogados. A "brincadeira" aconteceu em um vestiário de um dos estádios norte-americanos por onde a "Where We Are Tour" passou.

BLANK OUT
(Ou: como eles esquecem as músicas)

O momento já foi flagrado por fãs em todo o mundo. Os sites de notícias de música e a crítica em geral já notou. Os músicos do 5SOS vez ou outra "esquecem" as músicas do repertório.

O que estaria acontecendo com eles pode ser explicado.

Alguns chamam de lapso de memória, distração ou coisas do tipo, mas eles nomeiam como "momentos de tensão com fãs".

O porquê desses inúmeros *blank outs* é explicado por Michael, em uma entrevista a um jornal de grande circulação no Reino Unido. Ele admitiu que tem havido muitas mulheres e garotas bonitas em seus shows. "Nós simplesmente esquecemos as músicas. É muito embaraçoso porque estamos cantando e aí vemos uma garota daquelas bem atraentes. Não é algo como 'nossa, estou apaixonado'. É só 'uau, essa mulher é realmente linda!'"

Segundo ele, esses pensamentos desordenados fora de hora acabam sendo distrações. E eles esquecem as músicas.

A desculpa pode ter sido boa. E até ter satisfeito o ego das fãs que estão ávidas por um elogio desses (todas querem ser um bom motivo para Michael e os meninos esquecerem as letras). No entanto, para um bom observador, ela não satisfaz.

Quem se lembra que lá no começo do livro dizíamos sobre o quanto Ashton detestava a mania dos outros garotos de esquecer o que iam dizer nos vídeos? O próprio músico dizia que não gostava da banda por causa disso. E só depois foi convidado para fazer parte do time. A questão é que na época os meninos pareciam despreparados. Sem uma pauta definida, ligavam a webcam e ficavam soltos, sem orientação, e sem saber realmente o que dizer e quem iria assistir aos vídeos (nem imaginariam que milhões de internautas veriam qualquer gafe futuramente).

Naquela época, não precisavam de desculpa. Eles eram garotos que soltavam frases na internet e não tentavam agradar a ninguém. Desde que se tornaram artistas profissionais, os lapsos começaram a ser questionados.

Talvez, para as fãs, esquecer a letra da música de vez em quando seja até uma atitude aceitável. Pode-se dizer que as meninas farão coro para serem notadas como as "garotas quentes" no meio de um show.

Mas, cá entre nós, meninos que saíram de uma garagem e atingiram um sucesso tão meteórico, conquistando o mundo com suas letras e vozes harmoniosas, podem ser perdoados quando esquecem um detalhe aqui outro acolá, não acham?

Mesmo que a imprensa não concorde com isso. Mesmo que o mercado fonográfico ache um absurdo.

Eles são estrelas da música. E mesmo estrelas da música podem se dar ao luxo de falhar de vez em quando.

ELES LEEM TUDO QUE DIZEM A RESPEITO DELES NO TWITTER
(Ou: como manter a cabeça fria quando a opinião pública te massacra)

Seria muito mais difícil de compartilhar com nossas fãs sem Facebook e Twitter, com certeza! Eu acho que as fãs mudaram e a forma de apoiarem os músicos também mudou. As pessoas querem saber sobre você e quem você é. Sem os meios de falar com elas, eu realmente não acho que estaríamos onde estamos hoje. Seria muito mais difícil!

5SOS

Até o momento, eles têm quase 5 milhões de seguidores no Twitter. A máquina de notícias alimentada por pessoas do mundo todo chamada de rede social é quem os aproxima da realidade. Não que os meninos não leiam as críticas feitas por jornalistas especializados nos jornais e revistas, ou que desprezem o que os mais experientes digam.

Mas esses têm um alvo certo. E um público-alvo bem definido.

E esse público – que os colocou no topo – está lá, diariamente, no Twitter. Ashton, Luke, Calum e Michael confessaram que eles leem absolutamente tudo que as pessoas falam deles no Twitter.

Isso quer dizer que qualquer palavra dita sobre eles será lida. Qualquer uma. De qualquer pessoa.

Recentemente, Luke até admitiu ao vivo no programa *On Air With Ryan Seacrest*, "Colocamos o nome na busca e vamos descendo a barra de rolagem. Não tem muito segredo pra se fazer isso". As fãs ficaram em dúvida. Eles estariam admitindo que realmente veem, ou que podem ler a qualquer momento que quiserem?

Numa entrevista para a *Vogue Teen*, na qual falaram sobre garotas, sobre ser legal e parecer um cara bacana, eles deram a entender que são reféns dos comentários das fãs nas redes sociais. E que, sim, eles têm um relacionamento com elas na internet. Têm um relacionamento no sentido de "relacionar-se com". Ou seja, não se anime tanto assim. Eles sabem que a rede social pode aproximá-los delas. E vice-versa.

Não é à toa que comentam que não têm tempo para arranjar namorada, mas que têm tempo de sobra para entrar na conta do Twitter e ficar postando e vendo posts sobre eles mesmos (isso numa turnê virou um vício, pois podem fazer a qualquer hora, em qualquer lugar).

E a tal mania de selfies de que eles tanto gostam pode ser explicada a partir daí: "Eu posto selfies para expressar como estou me sentindo naquele momento". E isso demonstra que eles querem que as meninas participem da vida deles, porque não se fotografam apenas quando estão felizes da vida. Ashton declarou que posta mesmo quando não está feliz por alguns momentos (afinal, quem é feliz o tempo todo?). Isso quer dizer que eles têm altos e baixos.

E isso faz as meninas se sentirem próximas dos rapazes do grupo.

Ao fazer o que Luke ensinou, "colocar o nome da banda na busca e descer a barra de rolagem", nota-se a preocupação das fãs quando os caras não estão em um bom dia. Elas se solidarizam, mandam mensagens que os colocam para cima e dizem coisas que eles querem ouvir. É como se eles tivessem milhões de namoradas ao redor do mundo, que fizessem e dissessem de tudo para agradá-los num dia ruim.

Quando estão bem, e postam isso, geralmente conquistam os primeiros lugares nos *trending topics* mundiais. Isso acontece quando as fãs os felicitam por algo (quando ganharam o prêmio do VMA, por exemplo) ou quando estão em alta por causa de uma música ou outro assunto qualquer.

É nítido que a família 5SOS é grande. E a base de fãs no mundo todo só tende a se multiplicar. Embora muitas vezes elas briguem no Twitter (e os meninos da banda peçam milhares de vezes para que não façam isso com as fãs de outros astros), na sua grande maioria, elas estão prontas para o que der e vier.

Seja a ereção do Ashton (sem querer, claro), o membro sexual de Calum nu vazando em um vídeo ou um momento engraçado em que compartilhem suas vidas, elas sempre estão ali para comentar. E eles sempre estarão lá para ler absolutamente tudo que for escrito dirigido a eles.

Talvez seja parte do segredo do sucesso. Não delegar a assessores algo que diz respeito a você e seu trabalho.

É quase um feedback imediato.

BRIGAS DE FÃS

Nós já sabemos o histórico entre o 5 Seconds of Summer e o One Direction, e sabemos o porquê de muitas fãs acharem que o 1D está tirando uma fatia do bolo do 5SOS. Embora isso esteja longe de ser verdade.

Mas as fãs estão exaltadas há algum tempo. Até Ashton e Luke entraram em cena para acalmar os ânimos das meninas. "Vamos ser legais e nos divertir", disse Luke, pedindo que elas não se sobressaltassem.

Um membro dos fandoms tuitou: "Eu odeio ver os fandoms do 1D e do 5SOS brigando porque eu sou parte dos dois", e sua mensagem de amor chamou a atenção de Ashton.

Ele respondeu e concordou que todo mundo precisa começar a apreciar a grandiosidade de todos, escrevendo: "Vocês deveriam amar uns aos outros, nós somos bandas que fazem o máximo para ser a sua fuga, como bandas, nós somos amigos, não briguem!".

SELFIES

Eles não escaparam da mania mundial de selfies.

Ao conversar com a publicação *4Music* sobre a paixão de compartilhar boas selfies de vez em quando, Luke e Michael decidiram julgar de uma vez por todas quem é o melhor no jogo de selfies do 5SOS.

QUEDAS NO PALCO

Se você cair de bunda no palco durante um show, pelo menos mil pessoas terão aquele momento registrado por uma câmera.

E se você cair duas?

Pelo menos milhares de pessoas filmaram as quedas de Calum – que ganhou uma hashtag especial.

Vinte minutos depois, ele caiu novamente.

Os comentários eram de que estava desequilibrado, bêbado, entre outras *cositas*, mas ele esclareceu que estava apenas nervoso, e empolgado demais.

O ASSUNTO *CUECA* RENDE PARA ELES...

A coisa que a banda mais faz quando está em turnê não é cantar – é fazer rir. Entre eles, a tiração de sarro é certa. Todo dia, toda hora. Filmam, fotografam e fazem questão de mostrar para todo mundo como é divertido esse universo da música (nos bastidores do dia a dia).

Michael, em uma entrevista a uma rádio, baixou as calças e mostrou a cueca. Mas não foi à toa. O assunto era cuecas e a jornalista perguntou se ele usava cuecas com estampas.

"Todos os rumores são verdadeiros. Na verdade, pra ser honesto, minha cueca hoje tem estampa de hambúrguer... você me pegou num dia de sorte", contou. E baixou as calças imediatamente para comprovar o fato.

RECADOS PARA AS MENINAS

Essa é para as garotas que sonham com os meninos.

Michael se abriu e explicou o que o deixa irritado. "Odeio mulher que não consegue ver o que tem de bom. Que se deprecia", revelou. Ele quer que elas saibam que a coisa mais atrativa para um homem é uma mulher confiante, que acredita em si mesma. "É muito irritante quando meninas dizem que são feias e não são. Com certeza eu gostaria de fazê-las se sentirem melhores e seguras, mas elas não são feias e é irritante que elas pensem isso de si mesmas", explicou.

Enquanto isso, Calum se abriu sobre sua mulher perfeita e admitiu que gosta de meninas peculiares. Chamando-se de "estranho", o australiano contou: "Eu sou um pouco estranho, então eu tenho que procurar uma menina peculiar para sair". Ele acrescentou: "Quando eu era mais novo, uma menina me chateou e eu chorei no meu travesseiro!"

17

A GRAVADORA
(OU: QUEM É A CAPITOL RECORDS?)

Assinar com uma grande gravadora é o maior sonho de qualquer músico. Quando essa gravadora, além de apoiar o trabalho da banda, ainda lhes dá a liberdade de compor e continuar fazendo o que fez desde que começou a carreira, isso se torna magnífico.

Para o 5SOS essa foi a realidade. Podem ter começado do zero, postando vídeos no YouTube, conquistando cada fã "na unha", por mérito próprio, mas quando se tem uma grande empresa (que dá um bom suporte aos artistas e divulga seus trabalhos), tudo fica melhor.

E mais fácil.

Para eles, quando isso aconteceu, a notícia foi anunciada na mesma hora. Fecharam o contrato com a Capitol Records e postaram na página oficial da banda no Facebook quase imediatamente. "Temos uma notícia incrível que é muito empolgante para nós", começava o comunicado. As meninas ficaram alvoroçadas e eles logo disseram: "Assinamos com a Capitol Records!"

Como se não bastasse, fizeram a apresentação da gravadora para que não houvesse dúvidas de que tinha sido um ótimo negócio: "Eles trabalham com artistas como Sick Puppies e Katy Perry". E, para não perder a piada, emendaram, "Cal está planejando pedi-la em casamento em breve. Manteremos vocês atualizados", numa alusão ao músico que não para de sonhar com sua musa inspiradora e não esconde de ninguém a admiração que sente por ela (sim, além de admirá-la, ele a acha quente e gostosa, mas isso não é assunto para agora).

O comunicado oficial ainda dizia: "Nossa equipe é incrível e realmente acredita em nós e em nossa música – algumas das melhores e mais legais pessoas que já conheci". A cartinha aos fãs na íntegra você confere adiante.

A Capitol Records, uma gravadora americana fundada em 1942, comprada em 1955 pela EMI e adquirida em 2013 pela Universal Music (num processo de fusão da Universal com a EMI), tem muita banda boa em sua história. De Beatles a Iron Maiden, passando por Tina Turner e Katy Perry. A gravadora – conhecida por seu forte marketing mundial – foi a pioneira em enviar gratuitamente cópias de seus lançamentos para os programadores das rádios mais influentes.

E as novidades em relação ao 5SOS não param por aí. Foi lançado um selo independente em parceria com a Capitol Records, só para gerenciar os contratos da banda. Chama-se "Hi or Hey Records" (HOH).

O quarteto australiano logo espalhou a notícia: "Estamos tão animados em anunciar a gravadora que estamos montando... ao lado de vocês e da Capitol Records... É chamada HI OR HEY RECORDS! Graças a todos vocês, o nome se tornou Tendência #1 em todo o mundo na semana passada e acho que é um nome bonito. #HIORHEYRECORDS...".

A cartinha oficial dizia o seguinte:

"Estamos muito animados com o selo da gravadora 'Hi or Hey Records'.

Nós criamos esse selo para vocês, amigas.

Descobrimos tanta coisa juntos nesses últimos dois anos, que se não fosse por vocês não estaríamos onde estamos agora.

Assim que estiver pronta a divulgação do nosso álbum, nós queremos ter certeza que nada vai mudar e que continuaremos trabalhando juntos para que nossos sonhos se tornem realidade. Ouvimos histórias maravilhosas de todas as nossas fãs todos os dias e como vocês espalham o 5SOS ao redor do mundo.

> Para nossas fãs das Filipinas que têm feito uma campanha para colocar nossos sons no rádio nos últimos 12 meses, para nossas adoráveis garotas da França, que colocaram pôsteres por todas as ruas de Paris. Vocês deram o sangue para nos apoiar.
>
> Estamos maravilhados em ver como vocês se reúnem para nos acompanhar ao redor do mundo.
>
> Então, decidimos criar um selo de gravadora e queremos que vocês sejam parte disso. Nós estamos divulgando toda nossa música através de vocês. E através da Hi or Hey Records em parceria com a Capitol Records. E eventualmente queremos ter nossas bandas e divulgá-las em nosso selo.
>
> Hi or Hey Records significa que podemos ficar no controle da nossa carreira. As coisas estão indo muito bem com a gente e estamos correndo com o show, mas queremos seguir nosso caminho.
>
> Estamos criando um site para este selo e queremos que digam e opinem em absolutamente tudo, como vocês têm feito tão bem desde que começamos. E nos ajudem a espalhar tudo isso ao redor do mundo.
>
> Acessem www.hiorheyrecords.com, que estará no ar em breve.
>
> Com amor,
> Cal, Mikey, Ash e Luke!"

COMERCIALIZANDO

Sabemos bem que quando uma banda se associa a uma gravadora, pessoas passam a acompanhar e gerenciar a carreira dos músicos. Isso inclui uma assessoria comercial que venda, distribua e crie novos produtos, além dos discos produzidos.

Os meninos, vez ou outra, postam sobre a bandana do Ashton, as cuecas do Michael, e braceletes do Luke. Mas acredite, nada, nada é por acaso. Logo depois dos posts sobre os figurinos, vem um link para o site oficial. Aquele que vende de tudo.

No site oficial da banda, existe uma página exclusivamente dedicada à venda de acessórios, camisetas e tudo o que diz respeito à banda. Chaveiros com os rostos dos meninos estampados, camisetas com letras de música e colares com frases de efeito, as famosas bandanas de Ashton, os braceletes, entre outras coisas que deixam as fãs alucinadas.

Tudo para satisfazer as fãs e criar um mundo de possibilidades em torno da marca.

18

AS CRÍTICAS

A IMPRENSA MUNDIAL

(Ou: como o mundo vê os garotos australianos)

O 5SOS cria músicas que não podem ser rotuladas. Nós escrevemos as letras e compomos as músicas e quando as pessoas escutam, elas nos perguntam, "Isso é rock? Isso é pop?". Nós amamos assistir a essa discussão e nos divertirmos.

Luke

Com a fama, ninguém escapa das críticas, entrevistas e constatações no mundo todo. Ashton parece o mais incomodado com isso. "Parece que o foco são nossas roupas, nossas atitudes, quando deveriam falar da nossa música", reclama.

E se nesse começo de carreira eles já perceberam que qualquer passo pode se tornar uma notícia para sites de celebridades mundo afora, eles devem ter notado que a grande mídia já os enquadrou em personalidades distintas e marcantes.

Luke tem sido visto – e citado – como um galã humilde, que sorri envergonhado diante dos elogios. Michael, ao contrário, é "aquele com o cabelo louco", que desperta a atenção e a curiosidade de fãs com suas lendas a respeito de por que resolveu pintar as madeixas sempre de uma cor diferente. Já Ashton está mais para o engraçado da turma. Aquele com piadas prontas e que faz questão de ser cômico, arrancando risadas o tempo todo. E Calum não poderia deixar de se encaixar no perfeito garoto sensível. As fãs amam seu sorriso e ele adora contar histórias de rejeição para arrebatar olhares comovidos.

A banda, que teve seu álbum de estreia lançado pela Capitol produzido pelo ex-vocalista do Goldfinger, John Feldman, é citada no cenário musical como um híbrido das duas ideias musicais, a ação pop punk (na qual o pop é mais evidente que o punk) e os riffs de guitarra abundantes. Segundo o crítico Jason Lipshutz, os pais não devem ficar preocupados, pois "a estética da banda é muito engenhosa, convidando fãs de ambos os gêneros para se juntar, cantar junto seus refrões cristalinos e balançar a cabeça suavemente".

A questão é que os membros do 5SOS estão presentes em 11 das 12 faixas do álbum e fazem questão de transparecer (e citar em todas as entrevistas) que realmente tocam seus próprios instrumentos. E quem os ajuda? Uma lista extensa de estrelas do pop punk, como os irmãos do Yellowcard, Alex Gaskarth do All Time Low, e Martin Johnson do Boys Like.

O poderoso Matt Collar, do All Music, fez uma crítica positiva aos meninos, comparando-os com o 1D: "Se o 5SOS aprendeu alguma coisa em turnê com o 1D, foi provavelmente como arrumar o cabelo. Contudo, se eles aprenderam duas coisas, então a segunda foi claramente como escrever refrões cativantes". Ainda em aprovação descarada ao trabalho dos meninos, ele admitiu, "Eles entregaram faixas após faixas de gigantesco pop rock, repleto de melodias harmoniosas que qualquer um acima dos trinta provavelmente se sentirá um pouco culpado por relembrar".

Já Caryn Ganz, da *Rolling Stone*, atribuiu o sucesso da banda ao furor adolescente: "Não importa a década, as adolescentes com certeza não se cansam de garotos fofos cantando sobre garotas e roupas", conta em sua declaração que não cansa de elogiar seus sorrisos modestos e guitarras penduradas. "Em 'She Looks So Perfect' temos uma batida sublime de três minutos, acordes chocantes e a angustiante espera para acabar a aula de ginástica".

Mas o que o 5SOS faz com maestria, mostrar sua arte diga-se de passagem, é evidente demais para ser negado. Até mesmo para os críticos de plantão. Segundo Evan Lucy, do *Alternative Press*, "Ninguém vai discutir que o 5SOS tem uma grande arte, mas isso ultimamente funciona mais frequentemente do que não funciona. E, talvez o mais importante, isso parece autêntico... mas o fato de que essas músicas estão repletas de bateria ao vivo e instrumentos reais prova que o 5SOS quer arrasar e alcançar o Top 40 entre o público". Mesmo com essa declaração, evidenciando a autenticidade dos músicos, o crítico deu nota 3,5 de 5.

O jornal *The Guardian* escalou Dave Simpson para analisá-los e ele foi categórico em sua opinião. Ele acredita que a banda mira direto para o mercado adolescente, com exuberância aguda e letras travessas. "Sucessos de produção como 'Don't Stop' podem ser impossíveis de evitar: pais preocupados podem se encontrar fazendo necessidades com seus protetores de ouvidos e ponderando a eterna questão: 'Devemos lançar essa porcaria em nossos filhos pop?'"

Já o *The New York Daily News* ressalta os riffs da banda. "A música deles está em sintonia com o estilo primoroso do emo da última década – mas com mais densidade melódica e variação. Os garotos cantam com vozes que imitam a lamentação maliciosa tão amada por bandas emo intercambiáveis como Jimmy Eat World e Taking Back Sunday", disse Jim Farber.

E se você estava relembrando as declarações dos garotos sobre sentirem-se em uma montanha-russa de emoções com as críticas, prepare-se, pois Brian Mansfiled, do *USA Today*, esquentou a discussão e deu o tom que as fãs queriam ouvir sobre os garotos. "As músicas do primeiro álbum do grupo são enérgicas e cativantes, como a cinética de um primeiro beijo", disse o crítico, somando tudo isso de forma boa. "Os temas são familiares e, para qualquer um que cresceu nos anos setenta ou depois, as músicas também são. Mas rostos novos e uma entrega exuberante os faz parecer novos o tempo todo."

A verdade é que numa bela noite de terça-feira no teatro Troxy, no leste de Londres, eles ganharam um prêmio da *Kerrang!* como Melhor Artista Estreante Internacional, e mesmo que tenham sido vaiados, estavam cheios de si. Alguns dias antes eles tinham sido recebidos por 90 mil pessoas que foram ao estádio de Wembley ver o 1D. Mas essas vozes clamavam pelo 5SOS. E isso os impressionou.

Muitos críticos consideram a banda como "o próximo passo para as fãs do 1D que entraram na adolescência e gostam de algo menos morno, que querem canções sobre amassos em bibliotecas!". E eles avaliam que nada poderá detê-los. Com quase 90 milhões de visualizações no YouTube, milhões de curtidas no Facebook, Twitter e Instagram, com um single de estreia no topo das paradas do iTunes em 39 países, eles não têm muito com o que se preocupar.

O show de 2013 em Camden Fly se esgotou em 2,3 segundos. Esse absoluto fenômeno refletiu até mesmo na venda de roupas de baixo. As cuecas American Apparel, citadas na música She Looks So Perfect, contaram com um aumento de venda de 10%.

O chefe da música da Radio 1 e do 1Xtra tornou-se um defensor do grupo após relatos de que os primeiros shows da banda eram cheios de histeria. "Há algo sério acontecendo, porque as fãs são loucas e há muitas delas", foi o que o membro da BBC disse ao vê-los tocar.

Com o apoio da mídia direta e da imprensa alternativa eles deixaram de ser apenas um grupo adolescente com fãs na internet. Fizeram turnê com a banda americana Hot Chelle Rae, com o 1D e se tornaram verdadeiros ícones, conquistando seu próprio público.

Segundo Nick Raphael, o presidente da gravadora Capitol, o fenômeno 5SOS é simples: a banda tem origem britânica e o empresário australiano Matt Esmell os apresentou para a empresa de gestão Modest!, dirigida por Richard Griffiths, que também cuida do 1D (não é nenhuma surpresa que os caras do 1D têm sido extremamente apoiadores do 5SOS desde a época do YouTube e têm créditos de compositores no álbum da banda).

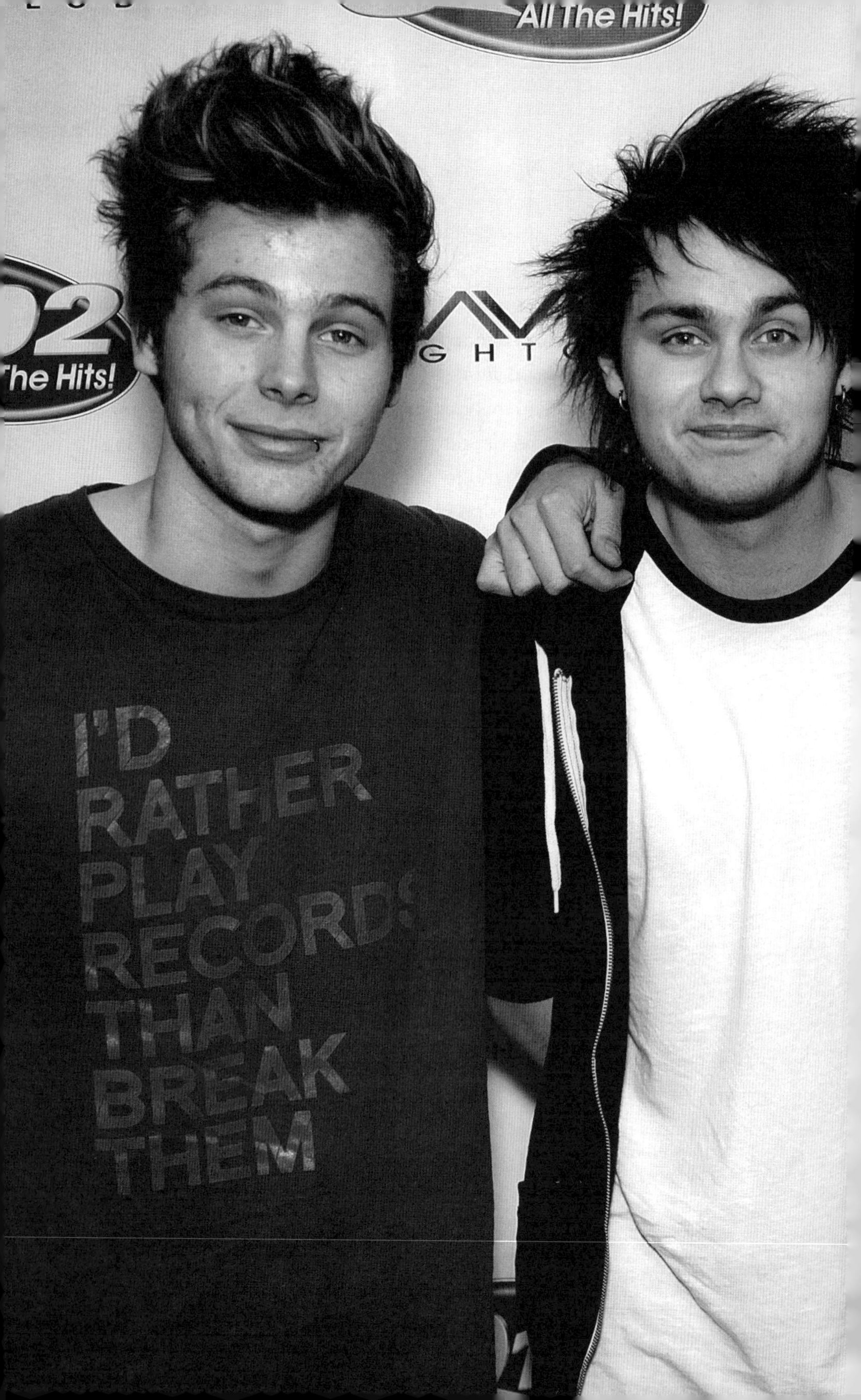
All The Hits!
The Hits!
I'D RATHER PLAY RECORDS THAN BREAK THEM

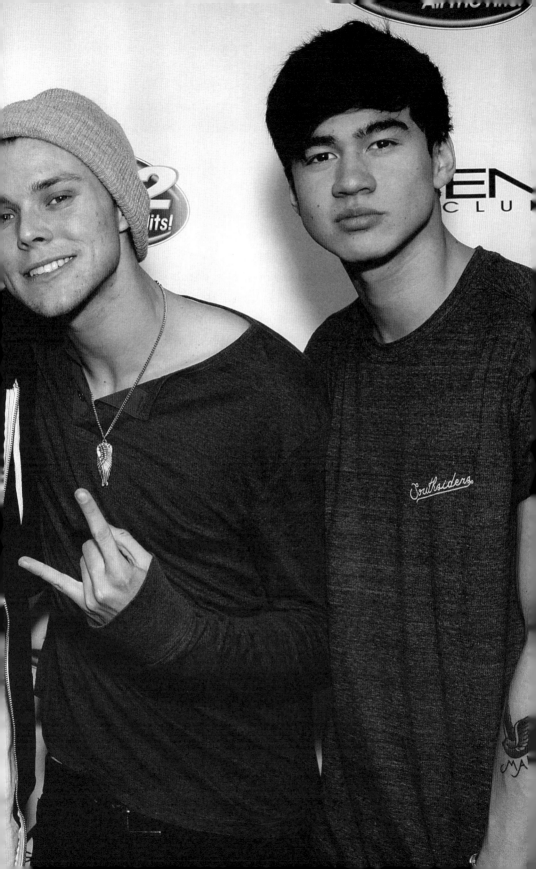

Quando o quarteto assinou com a Capitol, começaram a trabalhar com gente grande, incluindo os irmãos Madden do Good Charlotte; Jake Sinclair, que trabalhou com Fall Out Boy e Pink; John Feldmann, que conta com All Time Low em seus créditos; e o produtor de McFly e Busted, Steve Robson. "O 5SOS é tão surpreendente, eles conseguiram fazer sucesso na indústria da música sem shows de talentos na TV, mas nessa quinta-feira à noite eles estavam na final do *The Voice Italia* para mostrar aos concorrentes como isso é feito, com uma incrível apresentação de seu novo single *Don't Stop*. Basicamente, isso foi tão incrível que quase atiramos nossa TV para fora da janela, só porque sabíamos que nada que víssemos a partir de agora poderia competir com eles. De verdade!", disse o site SugarScape.

Transcrevemos aqui algumas das principais críticas mundiais, mas não podemos deixar de compartilhar uma pequena contribuição da revista *Capricho*, uma revista dedicada a adolescentes, brasileiríssima, que segue os passos dos famosos: "Os meninos são bastante amigos e fazem muita palhaçada juntos! É só ver no clipe de 'Try Hard', em que eles cantam em uma montanha-russa (haha!) e o lyric video Don't Stop (eles fizeram imagens de divulgação para o single vestidos como super-heróis)! Ainda não segue os caras no Instagram? É risada garantida! Vai lá dar follow agora: *@5sos *@luke_is_a_penguin *@michaelgclifford *@calumhood *@ashtonirwin".

IMPORTANTES CRÍTICAS (POSITIVAS E NEGATIVAS)

Ok, já falamos sobre as críticas, demos um apanhado geral sobre as gravadoras e o que a imprensa mundial pensa a respeito dos rapazes. A seguir, algumas críticas importantes, completas, que deixam o público a par do que eles realmente são, traduzidas na íntegra.

AUMENTANDO O FOGO PELO 5 SECONDS OF SUMMER

Houve provavelmente uma época em que 5SOS não percebeu seu atual sucesso chegar. Formada em 2011 e originalmente fazendo covers de canções de outros artistas no YouTube, suas vidas mudaram quando eles foram escolhidos para abrir uma turnê liderada pelo 1D (ambos os grupos compartilham o mesmo time de gestão, Modest!). No período de um ano, essas performances catapultariam o grupo a uma popularidade com a qual eles apenas sonhavam. Estivessem ou não esperando por isso, chegou a sua hora e o fogo se acendeu, especialmente com a expectativa em torno do lançamento de seu primeiro álbum homônimo.

É certo que eles têm uma batalha difícil pela frente. Primeiro devem provar que têm o que é preciso para ficar por conta própria enquanto permanecem fiéis às fãs que estiveram com eles desde suas humildes origens. Além disso, devem ser interessantes o suficiente (pelo menos musicalmente) para trazer uma nova base de fãs para ajudá-los a prosperar. Seu primeiro single, a instantaneamente cativante *She Looks So Perfect*, capturou esses novos fãs e até causou um aumento nas vendas de roupas íntimas American Apparel. Afora essa citação não intencional da marca, a música fez o seu trabalho, colocando o 5SOS em seu primeiro top-five das paradas.

O segundo single (fora dos EUA) e faixa do álbum, "Don't Stop", segue o ritmo. A diversão começa com o vocalista Luke Hemmings cantando com animação "You're like perfection / some kind of holiday" [Você é como a perfeição/como algum tipo de feriado]. O grupo leva tudo ao limite com a insinuação "Every time you move the beat, it gets harder for me / And you know it" [Toda vez que você dança com a batida, fica mais difícil pra mim / E você sabe disso], mas nunca fica excessivamente grosseiro. Você só precisa escutar uma vez para saber por que foi escolhida pra ser o que vem depois de "She Looks So Perfect".

"Beside You", uma das faixas mais lentas, muda o curso sem perder o poder. Mostrando um pouco do lado romântico, a música mostra ser mais do que só mais uma faixa no álbum. Para começar, ela na verdade é uma versão nova de uma música mais antiga da discografia dos meninos (foi originalmente gravada para seu EP *Somewhere New*, no final de 2012). Ouvindo as duas versões, é evidente o quanto o grupo amadureceu num período relativamente curto.

A música também empurra outro membro da banda, Calum Hood, para a frente com os vocais de abertura. Os quatro meninos (incluindo o guitarrista Michael Clifford e o baterista Ashton Irwin) são igualmente talentosos com suas habilidades vocais. Seus dois EPs anteriores, *She Looks So Perfect* e *Don't Stop*, têm versões diferentes dessas músicas com outros membros tomando a frente. Todos os jovens têm momentos para brilhar nesse álbum.

Eles repetem a "música regravada" mais uma vez com "Heartbreak Girl". A música foi originalmente lançada como um single em 2013, antes de eles serem ligados a uma gravadora maior. Pense nessa música como uma "versão de menino" de "You Belong With Me" da Taylor Swift. Diferente da música de Swift, a versão do 5SOS o fará sentir-se um pouco menos culpado quando cantar.

A música mais surpreendente no álbum tem que ser a simples, mas ainda assim tocante, "Amnesia". A música emocionante é sobre algo que todos já passaram: quando seu ex supera antes de você. Parte disso é raiva, mas na verdade é arrependimento e tristeza. Os vocais definitivamente conseguem igualar a emoção para cantar a letra. "I wish that I could wake up with amnesia" [Eu queria poder acordar com amnésia], os meninos cantam em harmonia e "And forget about the stupid little things" [E esquecer das pequenas coisas estúpidas]. São as pequenas coisas que contam e, sem dúvida, "Amnesia" é uma coisa pra lembrar.

Se o grupo queria construir uma ponte entre o velho e o novo, eles definitivamente foram bem-sucedidos nessa tarefa. Tem um pouco de punk pop durante a maioria do álbum e isso trabalha a favor. É alto o suficiente para gritar quando você quer destruir o seu quarto, mas misturado bem o suficiente para mostrar que o 5SOS tem algo bom acontecendo ali. Eles devem agradecer ao 1D pela ajuda, mas também devem se preparar para o que eles poderiam ter conseguido sem a ajuda.

Crítica de Jonathan Brown
Nota final: **4** de 5

Guardian Liberty Voice

O *Golden Plec* também foi intenso na crítica. Alguns trechos mostram que capricharam no veneno e nos elogios também.

O quarteto australiano 5 Seconds of Summer lançou seu tão aguardado álbum de estreia, que eles descreveram como um "filho bastardo" de todas as suas influências, All Time Low e Blink-182, claro. A banda tem sido chamada de boy band, porque abre a turnê do One Direction, mas este álbum mostra que eles estão muito longe disso. Já são uma banda que inevitavelmente será descartada injustamente por causa dos seus colegas de apresentação (1D) e do estereótipo de suas fãs, mas, com sorte, o 5SOS mostrará às pessoas o que eles realmente são, e terá a oportunidade que merece.

Por serem uma banda jovem e em ascensão, as pessoas estão sempre querendo traçar semelhanças. O vocalista e guitarrista Luke Hemmings disse à Capital FM: "Nós não somos o novo nada. Nós somos os primeiros 5SOS". O quarteto, que é completado por Calum Hood, Ashton Irwin e Michael Clifford, está tentando fazer algo que vê suas bandas favoritas fazer, mas colocando a própria personalidade, e isso foi exatamente o que eles fizeram com a sua estreia.

She Looks So Perfect, seu single de estreia, não é uma boa música para julgar a banda ou o álbum; os "hey heys" manjados não são uma boa indicação do resto do trabalho. Honestamente, deve ser um dos pontos mais baixos do álbum, bastante clichê, adolescente, muito pop... é em momentos como esse que sua juventude e inexperiência aparecem.

Tirando isso, o álbum homônimo mostra seu talento real, seu lado um pouco rebelde e suas influências em músicas como "Long Way Home", que poderia ter sido retirada de um trabalho do All Time Low, os vocais de Luke Hemmings e Alex Gaskarth até se parecem às vezes.

"End Up Here" é uma música que se destaca, com uma letra espirituosa e cômica que conta uma história, com um refrão cativante e aquele típico interlúdio vocal em grupo, é uma boa indicação do que a banda tem para oferecer. Dito isso, "Voodoo Doll" é outra que se destaca, uma canção de amor agridoce. É com músicas como essas que o 5SOS mostra a suas habilidades de contar histórias. Embora o álbum esteja cheio de faixas otimistas e cativantes, ele não é unidimensional. Há algumas baladas de ritmo mais lento que o mantém interessante, "Beside You", "Amnesia" e "Never Be" mostram um lado diferente do 5SOS.

Somando tudo, não é um álbum perfeito, mas é uma estreia muito, muito promissora, que o faz querer sorrir e cantar junto. O álbum é composto por músicas felizes e cativantes, sobre crescer, se apaixonar quando jovem e se divertir com os amigos, e é o álbum ideal para o verão. Todos nós devemos nos preparar para ouvir muito mais sobre o 5SOS a partir de agora.

Golden Plec

19

SOBRE A AUSTRÁLIA

CONHEÇA MAIS SOBRE A TERRA DE ORIGEM DOS GAROTOS

Abrangendo uma área total de 7,69 milhões de quilômetros quadrados, a Oceania é a maior ilha do mundo, mas o menor continente. Em distância, o continente se estende por cerca de 3700 quilômetros de norte a sul e 4 mil quilômetros de leste a oeste, fazendo da Austrália a sexta maior nação, depois de Rússia, Canadá, China, Estados Unidos e Brasil.

Uma multidão de jovens escolhe a Austrália para realizar o sonho de ter uma experiência de trabalho durante as férias, um ano de folga, uma pausa na carreira ou estudar no exterior. A Austrália oferece infinitas oportunidades de aventura e um estilo de vida caloroso, amigável e descontraído.

A combinação de praias ideais para a prática de surfe, o porto natural de águas cristalinas e a Sydney Opera House é irresistível. Além das maravilhas criadas pelo homem, Sydney tem muitas atrações naturais, como seus jardins, ilhas portuárias e faixas litorâneas imaculadas. É muito fácil conhecer Sydney com o excelente sistema de transporte e os passeios personalizados. A cidade também oferece uma gastronomia fantástica, inúmeros festivais e diversão 24 horas por dia. Pode-se ver o nascer do dia do topo da Harbour Bridge ou o pôr do sol na Opera House.

Os meninos do 5SOS têm um estilo de vida em contato com a natureza, com passeios ao ar livre. Podem surfar em qualquer praia, ou apenas passear nelas. Lá eles contam com um porto famoso e mais de setenta praias cristalinas.

Bondi Beach, em Sydney, é uma praia mundialmente conhecida, além de uma das mais famosas da Austrália. Ela provavelmente já apareceu em mais cartões postais, programas de televisão e filmes do que qualquer outra praia australiana. Todos os anos, milhares de pessoas, de mochileiros a bilionários, vêm para a areia dourada dessa larga praia urbana, de 1 quilômetro de extensão, para passear, correr ou relaxar ao sol. A praia, que fica a apenas 10 quilômetros de distância do centro da cidade, é palco de eventos o ano todo, desde exposições de arte da comunidade até maratonas de corrida do City to Surf.

INGLÊS AUSTRALIANO: FALANDO "STRINE"

Os australianos têm um idioma coloquial exclusivo, denominado de "strine" (imagine-se dizendo "Australian" (australiano), com os dentes cerrados para evitar que entrem moscas) pelo linguista Alastair Morrison, em 1966. O idioma strine combina muitos dialetos cockney e irlandeses, há tempos esquecidos e pronunciados pelos primeiros condenados, com palavras dos idiomas aborígine. Costumam abreviar as palavras e então acrescentar um "o" ou "ie" ao final, como em "bring your cossie to the barbie this arvo". Gostam de inverter apelidos, chamando as pessoas de cabelo vermelho de "bluey" (azulado), dizendo "snowy" (nevado) para alguém de cabelo escuro e apelidando alguém de baixa estatura de "lofty" (alto). Têm a tendência a aplainar as vogais e terminar as sentenças com uma inflexão ligeiramente ascendente.

ESPORTE

Com mais de 120 organizações esportivas nacionais e milhares de outras locais, regionais e estaduais, estima-se que 6,5 milhões de pessoas na Austrália sejam esportistas registrados.

O esporte mais assistido na Austrália é o futebol com regras australianas. É um esporte em ascensão. Além dele, o país atrai surfistas de nível mundial para o Bells Beach Surf Classic.

UM ESTILO DE VIDA AO AR LIVRE: PRAIA E CHURRASCO

Com mais de 80% dos australianos vivendo a até 50 quilômetros da costa, a praia se tornou uma parte integral de seu famoso estilo de vida descontraído. Desde o treinamento sábado de manhã no clube de surfe para as crianças até um jogo de críquete de praia após um churrasco, eles amam a vida em sua costa arenosa. É também o lugar para comemorações. Na noite de Ano Novo, os celebrantes dançam na areia e assistem aos fogos de artifício nas praias de Manly e Bondi, em Sydney, e de Glenelg, em Adelaide.

As praias mais famosas da Austrália – Bondi e Manly em Sydney, St. Kilda em Melbourne, Surfers Paradise na Costa de Ouro de Queensland, Cottesloe em Perth e Glenelg em Adelaide – atraem tanto habitantes locais como turistas internacionais.

20

SOBRE O FUTURO
A PREVISÃO PARA ELES É MUITO BOA

Confira trechos da entrevista de Ashton à ATP, em que ele fala sobre o futuro:

Eu quero pegar essa energia e jogar na audiência em uma experiência ao vivo. Quero que eles saiam com a sensação de ter corrido uma maratona, basicamente! Quero que seja barulhento e balançante e muito enérgico. Quero que seja divertido, e que consiga captar o humor da banda, ao mesmo tempo. Seria todas essas coisas misturadas em uma só.

O ponto principal para nós é a iluminação. Não fazemos muito no palco, só enfatizamos nossas técnicas lá em cima. Somos uma banda com guitarras, então não temos essas coisas que erguem ao ar! É só um palco sobre o qual podemos arrasar.

Nós aprendemos muito por termos escrito o primeiro álbum e estamos animados de continuar evoluindo como banda. O segundo álbum realmente me anima por ter algo mais velho e maduro.

Ainda é cedo, mas estamos vendo algumas demos. É assim que está no momento. Ainda estamos focados na turnê, então não estamos escrevendo muito agora.

Nós gostaríamos de escrever com vários [colaboradores] nós mesmos desta vez, mas trabalhar com as mesmas pessoas e, talvez, com uma ou duas novas pessoas. Nós ouvimos algo que veio do Simple Plan outro dia, na verdade, quando estávamos no Canadá. Gostaríamos de trabalhar com bandas como essa, isso seria bem legal.

Nós, na verdade, escrevemos muitas músicas que nunca foram lançadas, que não são muito adequadas para nós. Algumas são muito pesadas, outras muito leves e as bandas que gostam são tipo, "Eu gostaria muito de usar essa música!" e isso é uma experiência bem legal também – pessoas usando suas músicas.

O QUE ESTÁ POR VIR
(Ou: como eles estão planejando a continuidade disso tudo)

Nós não tivemos muito tempo para voltar ao estúdio no momento. Eu acho que quando você está na estrada, tem apenas que viver o que está acontecendo, então voltar para o estúdio para escrever algo sobre isso. Eu não quero escrever o mesmo álbum de novo, então eu saio e vejo o que a vida tem pra mim, e então volto e escrevo sobre isso. Nós temos muito tempo, na verdade, para compôr e gravar de novo, então eu mal posso esperar porque sinto falta disso no momento.

Ashton

Animado para a turnê de 2015, Ashton afirma: "Temos falado disso por semanas e semanas. É incrível ter a oportunidade de criar uma turnê em anfiteatros e arenas. Eu realmente mal posso esperar. Quero muito que as pessoas saiam do show e falem, 'Uau, eu mal posso esperar para outro show do 5SOS'. Eu gostaria de ser conhecido por nossos shows ao vivo, então eu realmente quero proporcionar essa experiência às nossas fãs".

O grupo, que até então só abriu para o One Direction em grandes estádios, acha divertido trabalhar a presença de palco: "É uma grande experiência estar em uma banda verdade e aprender como controlar um estádio. Você para pessoas na sua vida, como Billie Joe [Armstrong] do Green Day e Dave Grohl e como eles comandam um estádio e tocam e fazem um show íntimo em um lugar grande. Isso é o que estamos aprendendo. É uma coisa difícil de fazer".

Pode ser difícil, pode ser algo que se aprende com o tempo ou com a experiência, mas quando assistimos a um show deles, parece que realmente nasceram para isso, sem que jamais tivessem encontrado dificuldade alguma para viver de música.

Estavam destinados à fama.

21
CURIOSIDADES

AS MAIS ACESSADAS
(agosto 2014)

1. "Amnesia"
2. "She Looks So Perfect"
3. "Try Hard"
4. "Beside You"
5. "Heartbreak Girl"
6. "Don't Stop"
7. "Voodoo Doll"
8. "English Love Affair"
9. "Good Girls Are Bad Girls (That Haven't Been Caught)"
10. "Kiss Me, Kiss Me"
11. "Never Be"
12. "Wherever You Are"
13. "Close As Strangers"
14. "18"
15. "Everything I Didn't Say"
16. "End Up Here"
17. "Long Way Home"
18. "Lost Boy"
19. "Mrs. All American"
20. "Social Casualty"
21. "Tomorrow Never Dies"
22. "Disconnected"
23. "The Only Reason"
24. "Green Light"
25. "Good Girls"
26. "Independence Day"
27. "What I Like About You"
28. "Pizza"
29. "Wrapped Around Your Finger"

30. "I Miss You"
31. "If You Don't Know"
32. "Out of My Limit"
33. "Gotta Get Out"
34. "Heartache on the Big Screen"
35. "Eighteen"
36. "Unpredictable"
37. "Rejects"
38. "American Idiot"
39. "As Long As You Love Me"
40. "Everything I Want"
41. "Hearts Upon Our Sleeve (feat. Scott Mills)"
42. "Bad Dreams"
43. "Too Late"
44. "Give Me Love"
45. "Teenage Dirtbag"
46. "Over & Over"
47. "Superhero"
48. "Teenage Dream"
49. "Year 3000"
50. "Baby"
51. "We Are Young"
52. "Jasey Rae"
53. "Rejects"
54. "I've Got This Friend"
55. "Lego House"
56. "The Perfect Disguise"
57. "In My Head"
58. "Lazy Song"
59. "You Found Me (Luke cover)"
60. "Just The Way You Are"
61. "The a team"
62. "Rolling in The Deep"

ARTISTAS QUE JÁ PASSARAM PELA CAPITOL RECORDS

(E que o 5SOS cita eventualmente em entrevistas)

5 Seconds of Summer	Jimmy Eat World
Belinda	Lisa Marie Presley
Cherish	Pee Wee
Elton John	Swedish House Mafia
Interpol	The Jenkins
Jennifer Lopez	Wanda Jackson
Lady Antebellum	Beastie Boys
OK Go	Capital Cities
Sky Ferreira	Eiza
The Dandy Warhols	Hockey
Utada Hikaru	Jennete McCurdy
Bastille	Katy Perry
Britt Nicole	Nina Dobrev
Duran Duran	Roxette
GLAY	Taylor Swift
Iron Maiden	Tina Turner

SELOS QUE JÁ FORAM PUBLICADOS PELA CAPITOL RECORDS

Apple Records	EMI Music
EMI-Odeon	Odeon Records
Parlophone	Swan Records
Tollie Records	Virgin Records

SETLIST DE UM SHOW QUALQUER

18
Out of My Limit
Voodoo Doll
Don't Stop
Heartache on the Big Screen
Lost Boy
Amnesia
Beside You
Disconnected
Heartbreak Girl
Teenage Dream (Katy Perry cover)
Good Girls Are Bad Girls
She Looks So Perfect
What I Like About You (The Romantics cover)
Try Hard

CARTINHA PARA AS FÃS
(publicada no site oficial da banda)

Olá, pessoal,

Nós estamos em Londres há pouco mais de uma semana e tem sido legal estar de volta. Todos continuam sofrendo com o fuso horário e isso nos transformou em uma banda matinal.

Foi tão bom estar na Austrália e passar um tempo com as nossas famílias. Nós mal deixamos a nossa casa. (: Mal podemos esperar para voltar de novo, para as férias mês que vem e ver todos os seus rostos bonitos. (:

Enquanto estamos aqui, vamos continuar trabalhando para compor músicas. No outro dia, nós compomos uma música com o Mike Duce, da banda Lower Than Atlantis, e Dan Lancaster, a qual nós amamos e achamos que vocês também vão amar. Nós começamos os ensaios para nossos dois shows em Londres no KOKO em alguns dias.

Mal podemos esperar voltar e fazer uma turnê por todo o Reino Unido e esperamos fazer uma pelo mundo, um dia.

Temos também algumas novidades INCRÍVEIS, que são realmente emocionantes para nós, meninos. Recentemente assinamos contrato com a Capitol Records. Eles trabalham com artistas como Sick Puppies e Katy Perry (Cal está planejando pedi-la em casamento em breve – vou mantê-los atualizados).

Nossa equipe é incrível e realmente acredita em nós e em nossa música. Algumas das melhores e mais legais pessoas que já conhecemos. (:

Por fim, queremos dizer um MUITO OBRIGADO a cada um de vocês que ajudaram a tornar o nosso sonho realidade. Nós não estaríamos aqui sem você, 5SOS Fan. Nós somos realmente os adolescentes mais sortudos do mundo por ter vocês.

Amamos vocês (: x
Cal, Luke, Ash & Mike

22

CONCLUSÃO DE QUEM ACABA DE CONHECER UMA BANDA

(OU: DIÁRIO DE QUEM SE DESPEDE DE UMA TURMA QUE ACABA DE CONHECER)

> *Todas as coisas são determinadas por forças que fogem ao nosso controle. Podem ser determinadas tanto pelo inseto como pela estrela. Seres humanos, vegetais ou poeira cósmica, todos dançamos ao som de uma misteriosa melodia entoada à distância por um flautista invisível.*
>
> Albert Einstein

E lá vamos nós para mais uma viagem.

Porque todo livro leva a algum lugar. Mesmo que você não tenha a mais vaga ideia de para onde ele o está levando. Você compra um tíquete e embarca rumo ao desconhecido.

E foi o que eu fiz. Para começar, a maneira como foi proposto lembra como os meninos começaram. Assim como Luke ligou a câmera do seu note e gravou um vídeo para postar na internet, a praticidade dos meios de comunicação fizeram com que este livro pudesse ser escrito. Uma mensagem de WhatsApp da editora chegou ao meu celular. A proposta era pesquisar sobre uma banda que eu desconhecia. Na verdade, nunca ouvira falar.

Aceitei a proposta de imediato. Nada dá mais adrenalina que conhecer histórias de vida. E conhecer a história de uma banda que deu certo, com a união estelar de quatro amigos — cada um com sua história de vida, seus sonhos — parecia fantástico.

Quando comecei a pesquisa, pelo YouTube, saquei de imediato o que estava por vir. Eu estava cara a cara com meninos que se tornariam homens de sucesso. Pessoas que deveriam, sim, inspirar uma geração de adolescentes que está por vir.

Esses meninos do 5SOS merecem mais que o rótulo de "garotos de uma banda de verão". Eles não são — definitivamente — de curta duração.

Transporte-me para o dia em que Luke resolveu ter a coragem de ligar a webcam e postar um cover no YouTube. Naquele momento, ele admitia para si mesmo que não ligava se aquele hobby lhe traria dinheiro ou fama ou sucesso. Aquele menino de regatas – como ficou na minha memória – só tinha em mente o seu sonho. E ele o conquistou.

Com a ajuda de amigos da escola (e quem mais apoiaria nossos sonhos?) ele foi adiante com seu projeto de vida e, com uma estratégia audaz, criativa e descompromissada, entraram em cena Michael e Calum, com um charme de quem mal sabe o que está fazendo ali, mas não pensa direito em quem vai assistir aquilo. Nada foi feito para agradar aos outros. Fizeram para agradar a si mesmos. Satisfazer sonhos pessoais.

E isso tornou o sucesso ainda mais próximo.

Por que uma legião de fãs deveria amar o 5SOS?

Porque eles tiveram coragem de reinventar a si mesmos. Sem pudores, sem medos, sem pretensões.

Não sabiam se havia algo a perder. E não teriam vergonha se fracassassem Assim como não tiveram vergonha no dia em que cantaram para doze pessoas em seu primeiro show.

Não importam os rótulos, os prêmios, as turnês. A banda é, para o jovem, uma prova viva de que os sonhos podem dar certo. E deveriam ser motivo de pautas em revistas ao redor do mundo. Revistas e publicações que contassem sobre a história de vida dos meninos.

No mundo de hoje, com tanta desesperança, guerras, desamor, as crianças cresceram e se tornaram adolescentes, ouvindo e temendo o que pode haver no futuro. Sem grandes perspectivas de vida, assistem a notíciarios sobre fraudes e quedas na bolsa de valores. Desastres econômicos, greves e desemprego.

E a criatividade de quem nasceu na internet e se tornou ícone mundial não é exaltada em nenhum lugar. As fãs mal podem confessar aos próprios pais o porquê de amarem tanto aqueles meninos.

E os pais acabam se preocupando com aquela paixão desenfreada das meninas que vivem à espreita de um novo tuíte dos garotos.

São lançados manuais de gerenciamentos de projetos, faculdades com qualificações que jamais serão reconhecidas, mas quando falamos de um talento nato, de pessoas que arriscaram o pouco que tinham num sonho, poucos se dão ao trabalho de valorizar ou reconhecer um esforço raro.

Não foi o fator sorte que promoveu a banda 5 Seconds of Summer. E embora os garotos tenham nascido para brilhar, com uma estrela em seus mapas de nascimento, não foi só a ajuda da astrologia ou da numerologia que pode tê-los, indiretamente, ajudado.

Tampouco a escolha da gravadora, ou o empurrão de uma banda que tem faro para o sucesso.

Quem semeia, colhe.

E Luke, Michael, Calum e Ashton plantaram seu sonho nas redes sociais e deixaram que as sementes se espalhassem com o vento.

O universo realmente pode ter conspirado a favor deles. Mas o que se vê é uma tentativa que poderia ter dado errado, conquistando milhares de pessoas. Através do coração.

Porque eles trabalham com música. Música é arte. E arte só se faz com o coração.

Portanto, torcemos para que não haja preconceitos com bandas que surgiram do nada. Porque existe um longo caminhar – encurtado com a ajuda das redes sociais, que eles sabiam manipular de forma majestosa.

Pra você, que chegou até aqui, espero que fique a dica: se tem paixão por algo, descubra essa paixão e dê tudo de si para que ela se realize.

Mesmo que a escrivaninha no fundo esteja bagunçada, não importa. Corra atrás de seus sonhos. Jamais deixe de ir atrás de um sonho por causa de qualquer proposta maluca de trabalho que lhe dê mais dinheiro.

Porque no final, não é o dinheiro que vai te fazer feliz. É a realização de um sonho.

Jogue fora seus medos. Dispa-se de sua vergonha, e encare de frente, investindo tudo o que tem naquilo que mais gosta. Mesmo que esse tudo seja uma conta no YouTube. Mesmo que esse tudo seja sua senha do Facebook. Mesmo que esse tudo sejam seus amigos malucos de classe, que são vistos como "gente sem juízo" pelos seus pais.

A vida premia quem tem ousadia. Quem batalha, quem sua. Quem vai atrás daquilo que quer com corpo, alma e todo o sangue explodindo nas veias.

Quem se decepciona. Quem erra, quem corre contra as marés ruins e tempestades. Mas que constrói uma base sólida para seu trabalho.

E o 5 Seconds of Summer, que não teve nem tempo de escolher um nome melhor para a própria banda, intuía, desde o princípio, que haveria um público que poderia gostar do que eles tinham a oferecer.

Não sinta vergonha se, em algum momento, alguém quiser melhorar e profissionalizar aquilo que você tem de melhor. Aceite a ajuda. E faça parcerias. Como fizeram com os amigos do One Direction, sem se preocupar se seriam ofuscados pela banda. Ou com a Capitol Records, sem pensar no que poderiam fazer com seus trabalhos.

E se, no meio do caminho, perceber que pode ter alguém lucrando mais que você com a sua história, não ligue. O que importa é que você estará vivendo seu sonho, e que ele pode ser construído por você, a qualquer momento.

E não se esqueça: divirta-se. Porque a diversão é a base de tudo. Trará leveza para o seu trabalho e deixará seu sonho mais colorido e aceitável para todo mundo. Porque a energia que se espalha quando temos brilho nos olhos pode ser vista até por um satélite longe da Terra.

Não deixe o brilho nos seus olhos apagar.

Aceite que o 5SOS pode te inspirar a seguir adiante. E siga. Basta acreditar.

Para finalizar, uma citação que provavelmente não foi o que inspirou os rapazes, mas que poderia ter sido. E que pode inspirar a todos aqueles que buscam o sucesso:

Somente a ação confere à vida sua força, sua alegria, sua objetividade. A ação é o bálsamo. Ninguém agirá em seu lugar. Seus planos continuarão sendo nada mais que um sonho indolente, enquanto não se puser de pé e lutar contra as forças que o manteriam insignificante. É sempre perigoso atirar-se à ação. No entanto, permanecer sentado e esperar que as boas coisas da vida lhe caiam no regaço constitui a única ocupação em que os fracassos se excedem. Ria de suas dúvidas e mova-se adiante. Lembre-se que é sempre mais tarde que imagina.

(*O Maior Sucesso do Mundo,* OG Mandino)

Este livro foi composto nas fontes Avenir, Myriad Pro, Take cover, Stencil Style New
e impresso em papel *Offset* 90 g/m² na gráfica Imprensa da fé.